QUANDO NINGUÉM EDUCA
QUESTIONANDO PAULO FREIRE

Conselho Acadêmico
Ataliba Teixeira de Castilho
Carlos Eduardo Lins da Silva
José Luiz Fiorin
Magda Soares
Pedro Paulo Funari
Rosângela Doin de Almeida
Tania Regina de Luca

Proibida a reprodução total ou parcial em qualquer mídia
sem a autorização escrita da editora.
Os infratores estão sujeitos às penas da lei.

A Editora não é responsável pelo conteúdo deste livro.
O Autor conhece os fatos narrados, pelos quais é responsável,
assim como se responsabiliza pelos juízos emitidos.

Consulte nosso catálogo completo e últimos lançamentos em **www.editoracontexto.com.br**.

RONAI ROCHA

QUANDO NINGUÉM EDUCA
QUESTIONANDO PAULO FREIRE

Copyright © 2017 do Autor

Todos os direitos desta edição reservados à
Editora Contexto (Editora Pinsky Ltda.)

Montagem de capa e diagramação
Gustavo S. Vilas Boas

Preparação de textos
Lilian Aquino

Revisão
Ana Paula Luccisano

Dados Internacionais de Catalogação na Publicação (CIP)
Andreia de Almeida CRB-8/7889

Rocha, Ronai
Quando ninguém educa: questionando Paulo Freire /
Ronai Rocha. – 1. ed., 1ª reimpressão. – São Paulo :
Contexto, 2017.
160 p.

Bibliografia.
ISBN 978-85-520-0017-4

1. Educação – Brasil 2. Currículos 3. Freire, Paulo 4. Ensino –
Metodologia I. Título

17-0921   CDD 370.981

Índices para catálogo sistemático:
1. Educação – Brasil

2017

Editora Contexto
Diretor editorial: *Jaime Pinsky*

Rua Dr. José Elias, 520 – Alto da Lapa
05083-030 – São Paulo – sp
pabx: (11) 3832 5838
contexto@editoracontexto.com.br
www.editoracontexto.com.br

*Salvo a grandiloquência de uma cheia
lhe impondo interina outra linguagem,
um rio precisa de muita água em fios
para que todos os poços se enfrasem:
se reatando, de um para outro poço,
em frases curtas, então frase e frase,
até a sentença-rio do discurso único
em que se tem voz a seca ele combate.*

"Rios sem discurso"
João Cabral de Melo Neto

SUMÁRIO

Introdução 13

PRIMEIRA PARTE 19

O currículo e as competições ferozes 21
    O conhecimento como valor universal 21
    "Competições ferozes" 23
    Uma tradição interrompida 25
    Uma tradição retomada? 26
    Queremos tanto Pitágoras 27
    As críticas ao modelo de objetivos de ensino 28
    Grandiloquências 29
    Desempacotando o conceito de educação 30
    A melhor crítica ao currículo por objetivos é voltar-lhe as costas? 32

Onde nos extraviamos? 37
    O currículo não é a coisa mais importante do mundo 38
    O que pode vir a ser uma escola? 40
    O travestismo na formação 41
    Como conversar sobre o currículo? 41
    Uma visão expressivista do currículo 42

O currículo como iniciação 45
    Formas de iniciação 45
    Podemos nascer duas vezes 46

O currículo como mensagem 49
    Discurso horizontal e discurso vertical 49
    O conhecimento como um bem 51
    Duas formas de discurso vertical 51
    Estruturas de conhecimento e renascimento 53
    O "populismo pedagógico": muito etno e pouca grafia 54

Formas do conhecimento 59
Raciocínio crítico e inspiração vazia 59
Os métodos públicos de conhecimento e experiência 62

"Ninguém educa ninguém" 67
Uma obra importante, uma leitura anacrônica 67
Os sectários de esquerda e de direita 69
Educação de adultos: um oxímoro? 71
A teoria dialógica de Mao 72

Variedades do conhecimento 77
Teorias e metateorias 77
Algumas variedades do conhecimento 78
A máquina da desconstrução 84
O que não podemos falhar em conhecer 86

SEGUNDA PARTE 91

Currículo e epistemologia 93
Duas interdisciplinaridades 95

O resgate do uno 99
A interdisciplinaridade e o "professor fragmentado" 99
As primeiras caracterizações da interdisciplinaridade 100
O segundo afloramento da interdisciplinaridade 103
O mistério da multiplicação das áreas de conhecimento 105
O resgate do uno 108

TERCEIRA PARTE: REUNINDO LEMBRANÇAS 113

Primeira série de lembranças 115
A fogueira das teorias 115
Nascimentos 116
O portal da escola 117

Segunda série de lembranças 121
A sala de aula é currículo 121
Duas arquiteturas na sala de aula 124

Terceira série de lembranças...**127**
    A educação é conservadora 127
    A didática é a arte da graça: conhecimentos abandonados 128

Quarta série de lembranças..**131**
    As disciplinas escolares..131
    O currículo, do aberto ao oculto...133
    O que fazer?..134
    As licenciaturas..136
    Uma escola suficientemente boa...138
    O conhecimento: dos poderosos e poderoso 139
    O estreito canal da trombeta 141

Quinta e última série de lembranças...**145**
    A interdisciplinaridade como teoria e como panaceia 145
    Ganhos e perdas 146
    No chão da escola...147
    Sentimentos de obra 147
    O cocô e o penico...149
    Vastidões 150

Bibliografia...**155**

O autor..**157**

Um sábio de Zilbra anunciou um dia: "Ninguém educa ninguém." Seguiu-se um respeitoso silêncio, pois em Zilbra havia o antigo hábito de educar os pequenos. As crianças que ouviram o anúncio sorriram amarelo. O sábio continuou: "Ninguém educa a si mesmo". Fez-se um silêncio de intriga, pois muitas pessoas em Zilbra praticavam ideais ascéticos. O sábio rematou: "Os homens se educam entre si, mediatizados pelo mundo". As crianças e os ascetas saíram de fininho enquanto a multidão aplaudia.

INTRODUÇÃO

Não é possível compreender a atual crise na educação brasileira – a baixa qualidade das aprendizagens, a estagnação do desempenho escolar nos testes padronizados, a pouca relevância do aumento dos anos de estudo na vida do aluno, a crescente evasão escolar em todos os níveis, o aumento da distorção idade-série e tantos outros problemas – sem prestar atenção na atmosfera pedagógica e curricular brasileira a partir dos anos 1970. Entre outras características relevantes dessa atmosfera, estão uma certa versão do populismo pedagógico e uma maneira peculiar de ler Paulo Freire.

A expressão "populismo pedagógico", ao contrário do que pode parecer, carrega um sentido apenas descritivo. Foi assim que ela começou a ser usada nos anos 1990 pelo sociólogo Basil Bernstein, para nomear o fenômeno observado em algumas tendências educacionais na Inglaterra. "Populismo pedagógico" designava uma estratégia pedagógica que consistia em inserir nos conteúdos das disciplinas escolares uns tantos segmentos de conhecimentos comuns, com o objetivo de tornar o conhecimento escolar mais acessível ao aluno. Ele resultava em uma forte valorização e no acolhimento do horizonte cotidiano de referência do educando. Adicionalmente, o populismo pedagógico, por meio do reconhecimento da fala cotidiana, era uma estratégia que permitia ao educador dar voz aos setores da população que, na descrição da época, estavam desprovidos dela e, assim, combatiam-se o elitismo e o alegado autoritarismo do conhecimento escolar.

O populismo pedagógico surgiu como parte de uma estratégia de recontextualização dos conteúdos escolares e esteve presente na maior parte dos países que enfrentaram o desafio de expandir rapidamente a rede escolar, incorporando nela segmentos da população até então à margem do sistema. A escola inclusiva, que foi instituída no Brasil apenas nos anos 1970, com o fim do exame de admissão ao ginásio, teve entre seus principais desafios a criação de didáticas que fossem capazes de ensinar eficazmente gerações que vinham de lares com pouco letramento. A versão brasileira do populismo pedagógico foi especial. Ela esteve marcada, desde o início, pela presença da obra de Paulo Freire, de um lado, e de outro, pela recepção das diversas teorias reprodutivistas e críticas. O impacto dessas duas tendências na educação brasileira criou uma atmosfera na qual o desafio da reinvenção didática – e o mesmo vale para os estudos de teoria curricular, Psicologia da aprendizagem etc. – foi sendo aos poucos considerado uma ocupação menos urgente do que aquele da crítica reprodutivista e disciplinar, do assim chamado empoderamento e do discurso das vozes. O que aconteceu, na frase bem-humorada de Bernstein, foi o progressivo predomínio do *etno* em detrimento da *grafia*.

Antes de me referir brevemente às razões pelas quais precisei me ocupar com Paulo Freire, preciso dizer que este livro, antes de ser um projeto acadêmico, é uma espécie de caderneta de campo muito pessoal. No final dos anos 1970 e durante boa parte dos 80 participei intensamente nas greves da universidade onde trabalho. Nosso mantra era a defesa do ensino público, gratuito e de qualidade; no varejo, queríamos resolver problemas de estrutura da carreira e de remuneração. Durante esse período acompanhei de perto o que acontecia no ensino fundamental e médio brasileiros por duas razões: meus filhos entravam para a escola e eu era professor em um curso de licenciatura. Foi com desconforto que percebi que, enquanto eu levava meus filhos para a escola pública, a maioria dos companheiros de sindicato matriculava os seus em escolas da rede particular. As desculpas eram as mais diversas, mas não disfarçavam as verdadeiras causas: o absenteísmo docente e as greves dos outros incomodavam mais do que as nossas. Já se falava, por certo, na progressiva queda de qualidade do ensino e das instalações. Entre a voz do protesto universitário e a lealdade para com o ensino público básico, a saída era a escola privada. A defesa do ensino público era, por assim dizer, seletiva. Meu desconforto somente aumentou quando não pude mais ignorar que as nossas teorizações sobre educação na academia provocavam ondas de depressão nos cursos de formação de professores: afinal, quem poderia alegrar-se em se ver, de uma hora para outra, "reprodutor da ideologia dominante"? Eu entrei em um conflito comigo mesmo que se estendeu por muitos anos e que somente chegou a termo quando resolvi reunir, neste livro, o que venho penando e pensando faz um bom tempo.

No outro lado do espelho em que procurei me olhar estava a teoria curricular e pedagógica brasileira, uma espécie de terra arrasada. A filósofa Cora Diamond chamou de *dificuldade da realidade* aquelas experiências que parecem resistir à nossa capacidade de pensá-la e que chegam a ser dolorosas em sua inexplicabilidade. Ela pensava sobre situações nas quais vemos as coisas de um jeito que pode ser difícil ou simplesmente impossível para outros. Não estou pensando aqui nos temas que a interessavam, a saber, algumas formas de nosso relacionamento com os animais – *comê-los*, por exemplo –, mas em coisas aparentemente mais triviais, como o progressivo abandono dos valores de universalidade e objetividade do conhecimento humano; o descaso para com um currículo e padrões de referência nacional; o extravio do currículo, da Pedagogia, da avaliação e da didática, sacrificados no altar das boas intenções sociais e políticas. A crise da educação brasileira é, entre outros aspectos, uma *dificuldade da realidade*, profundamente dolorosa em sua explicabilidade.

O encontro com Paulo Freire, uma das principais referências pedagógicas entre nós, surgiu para mim como uma surpresa. Nunca me ocupei sistematicamente da obra dele. Na verdade, acreditava que Freire era uma referência mais ou menos difusa, ligada apenas a certa fase de nossa história pedagógica, julgando que ele já havia sido devidamente valorizado na linha de tempo de nossa Pedagogia. Para meu espanto descobri que muitas vezes ele é lido ainda hoje não como um clássico a que voltamos para compreender melhor nosso passado, ou mesmo em busca de inspiração, mas como um autor de conceitos ainda operacionais. Foi assim que voltei à sua obra maior, a *Pedagogia do oprimido*, e a alguns de seus contextos de uso, para fazer uma descoberta surpreendente: há conceitos centrais pelos quais ele é conhecido, como a diferença entre conhecimento emancipador e bancário, que são, até hoje, objeto de leitura descontextualizada e anacrônica; o livro resiste ao tempo porque, no final das contas, *não é mais lido*, ou melhor, é lido contra ele mesmo. Foi por essa razão que aos poucos acabou por ocupar um lugar central aqui.

Meu principal interesse nesta obra, no entanto, é a própria dificuldade da realidade educacional brasileira, da qual ofereço alguns exemplos no texto. Adianto aqui apenas um. Assistimos, durante 2015 e 2016, a muitas discussões ligadas à elaboração de uma Base Nacional Comum Curricular (BNCC), algo que estava previsto faz 20 anos, desde a aprovação da Lei de Diretrizes e Bases, em 1996. Nesses debates, houve quem se posicionasse radicalmente contra a própria ideia de uma Base Curricular. Uma importante associação nacional de estudos e pesquisas de educação assumiu essa posição e elencou nove argumentos contra a própria ideia de uma Base Nacional Comum Curricular.[1] Os pesquisadores afirmaram que uma base comum teria efeitos de uniformização e que a definição de itens de aprendizagem válidos para todo o país traria "perigos para a democracia", em especial por desconsiderar as diversidades e os "conhecimentos construídos antes e fora da escola, para além dos direitos de aprendizagem de conteúdos prescritos fora do universo social dos alunos". A frase é um bom sintoma de nossos extravios, pois ela apaga a diferença entre o currículo e a Pedagogia ao sugerir que os conhecimentos do cotidiano sejam parte de uma base curricular, para depois flertar com uma visão romântica desse mesmo cotidiano, no qual os conhecimentos escolares são corpos estranhos. Não contente com uma combinação entre populismo pedagógico e de negação da escola, o manifesto se opõe ao que chama de "centralidade conferida à lógica do ensino de conteúdos, tidos como universais e à sua seleção por especialistas".[2] O que me pergunto neste livro é de onde brota essa *dificuldade do universal*? De onde surge essa desconfiança com os "conteúdos tidos como universais"? Como damos conta disso? Como podemos melhor compreender o populismo pedagógico em que mergulhamos de cabeça? Se uma associação nacional de pesquisa em educação tem dificuldades com o universal e com os especialistas, podemos ver a dificuldade do currículo como uma autêntica *dificuldade da realidade*.

Wright Mills afirmou certa vez que estamos perdendo nosso senso de pertencimento. Uma das dimensões de nosso pertencimento, diz ele, é que somos parte da "grande conversa da mente racional, a grande conversa que vem sendo levada adiante, com altos e baixos, desde que a sociedade ocidental começou, dois mil anos atrás, nas pequenas comunidades de Atenas e Jerusalém". É um pertencimento vago demais, você dirá. Mas é o que temos, e ele acrescenta: precisamos tentar seriamente participar de conversas racionais, pois somente assim vamos manter em dia nosso sentido de pertencimento a esse algo aparentemente ainda mais vago, a "humanidade". É a ela, em última instância, que devemos prestar livremente lealdade. Antes dessa última instância, no entanto, temos que pertencer a nós mesmos.[3]

Dedico este livro a um grupo especial de crianças que ainda não fazem ideia sobre aonde podem chegar: Mathias, Lúcia, Amaya, Leela, Thiago, Chimed, Trimle, Lachimi: que a escola que eles frequentam seja sempre suficientemente boa para lhes ajudar nessa ocupação de uma vida.

NOTAS

[1] Trata-se de um ofício da Associação Nacional de Pesquisas em Educação (Anped) dirigido ao Conselho Nacional da Educação, em novembro de 2015. Ele pode ser lido no setor de notícias do site da Anped: <http://www.anped.org.br>.

[2] As citações são do referido Ofício 01/2015/GR de 9 de novembro de 2015, dirigido pelo Grupo de Trabalho sobre Currículo da Anped ao Conselho Nacional da Educação.

[3] C. Wrigth Mills, *The Politics of Truth: Selected Writings of C. Wright Mills*, New York, Oxford University Press, 2008, pp. 87-92. Todo o parágrafo está livremente inspirado no texto de Mills, "Are We Losing our Sense of Belonging?".

PRIMEIRA PARTE

Houve uma época em Zilbra na qual os professores desistiram de ser professores e decidiram ser "trabalhadores em educação". Eles disseram que a expressão "professor" trazia lembranças inconvenientes para as reivindicações corporativas e trabalhistas que começavam a fazer, pois o professor costumava ser visto como um profissional demasiadamente idealista em seus compromissos. O novo paredismo de Zilbra pedia o abandono das antigas místicas da profissão.

Surgiu, então, um novo profissional que podia comportar-se como os demais operários. Com essa nova identidade, os trabalhadores em educação promoveram longas greves que, com o passar do tempo, geraram polêmicas sobre a relação entre o imenso custo social delas e os benefícios corporativos eventualmente arrancados das autoridades.

As crianças, no meio da briga da gente grande, ficaram confusas. Se os professores agora eram trabalhadores com um patrão contra quem protestavam, os pequenos não sabiam mais se eram empregados ou patrões desses novos operários. As crianças faziam o que os novos trabalhadores queriam, mas eles eram pagos pelos impostos dos pais, e assim elas não sabiam se trabalhavam para eles ou por eles ou o quê. Os diretores das escolas disseram que não podiam fazer grande coisa, pois agora eles eram apenas gerentes. Ou seriam executivos?

E foi assim que as escolas foram deixando de ser escolas. Algumas passaram a ser franquias de empresas de preparação para exames disso e daquilo. Outras ficaram à deriva. Umas poucas, mais distantes do umbigo de Zilbra, ficaram alheias à nova moda. As greves continuaram. Um dia, com almas mais cansadas do que tristes, as crianças de Zilbra começaram a abandonar a escola.

O CURRÍCULO E AS COMPETIÇÕES FEROZES

O conhecimento como valor universal

A questão de um vínculo forte entre política e educação marcou o processo de formação do pensamento pedagógico brasileiro a partir dos anos 1970; direta ou indiretamente, a questão esteve na raiz das inúmeras controvérsias que assinalam a história da evolução desse pensamento.

Entre essas controvérsias está a questão do valor universal do conhecimento, presente não apenas nas polêmicas da primeira fase, entre os diversos teóricos do reprodutivismo escolar, mas igualmente na segunda, quando surgiu a Pedagogia dos conteúdos. Foi preciso tempo e discussão para que ocorresse uma superação mínima do enfoque sociológico que tomava o conhecimento como "construção social". Uma admissão minimalista do valor universal do conhecimento ocorreu apenas na metade dos anos 1980 e foi assim formulada: "Com efeito, dizer que determinado conhecimento é universal significa dizer que ele é objetivo, isto é, se ele expressa as leis que regem a existência de determinado fenômeno, trata-se de algo cuja validade é universal."

O valor universal do conhecimento não se limitava, na concepção do autor da frase citada, ao campo da natureza. Ele entendia que a universalidade e a objetividade também se estendiam ao campo dos fenômenos sociais. Essa cláusula era importante para que ficasse registrado que eram igualmente objetivos "os conhecimentos das leis que regem, por exemplo, a sociedade capitalista".

O que você leu anteriormente é um pastiche do texto de Carlos Nelson Coutinho, "A democracia como valor universal". Substituí a palavra "democracia" pela palavra "conhecimento" e fiz apenas ajustes menores.[1] Com esse pastiche proponho um paralelo entre a discussão dos anos 1970 sobre o valor universal (e não apenas estratégico) da democracia e as atuais discussões sobre currículo, nas quais a dimensão universal e a objetiva do conhecimento estão sendo postas à prova.

A Pedagogia brasileira viveu um debate semelhante àquele originado por Coutinho. É suficiente lembrar os textos de Demerval Saviani e do grupo da Pedagogia histórico-crítica dos conteúdos. Desde logo é preciso acrescentar que, apesar das declarações em favor de uma epistemologia universalista e objetiva, até há bem pouco tempo Saviani não renunciava a uma importante restrição, que ele deixa bem clara nessa passagem:

> Portanto, para resolvê-las [as contradições que marcam a organização social baseada na propriedade privada dos meios de produção] é necessário alterar as próprias relações sociais que as determinam. E só a partir daí será possível resolver também os graves problemas educacionais que vêm afligindo os educadores e toda população brasileira.[2]

Os pedagogos histórico-críticos revalorizaram a escola e os conhecimentos objetivos, mas não perderam a ternura pela vontade de conhecimento das leis da história. Fica evidente na passagem citada que a solução dos problemas educacionais é dependente de alterações profundas nas relações sociais.

O campo do currículo e da Pedagogia vem tocando uma mesma melodia desde o final dos anos 1970 e não produziu até hoje um manifesto semelhante ao de Carlos Nelson Coutinho.[3] A teoria do currículo hegemônica no Brasil diz que

> [...] o currículo é o espaço em que se concentram e se desdobram as lutas em torno dos diferentes significados sobre o social e sobre o político. É por meio do currículo que certos grupos sociais, especialmente os dominantes, expressam sua visão de mundo, seu projeto social, sua "verdade".[4]

Essa teoria do currículo gira em torno da sociologia do conhecimento e dos estudos culturais. Assim, de onde pouco se espera convém pouco esperar, pois nesse andor o valor universal *e* objetivo do conhecimento aguardará um bom tempo pelo seu reconhecimento na academia.

"Competições ferozes"

A divulgação da proposta de uma Base Nacional Comum Curricular criou um fato raro: a expressão "currículo escolar" passou a frequentar o noticiário. A Base foi apresentada em 2015 – ela decorre de uma exigência da Lei de Diretrizes e Bases da Educação – como uma proposta de fixação dos conhecimentos essenciais que devem ser trabalhados nas escolas em todos os níveis de ensino básico. O objetivo principal é que ela seja um instrumento de gestão pedagógica e acompanhamento da vida escolar, um sistema grande e complexo. O sistema escolar brasileiro tem quase duzentas mil escolas e mais de dois milhões de professores. Com a Base, passa a existir, simultaneamente, uma orientação para a escolha dos conteúdos fundamentais a ser ensinados e uma lista de objetivos de aprendizagem para cada etapa da vida escolar. Os conteúdos e os objetivos previstos pela Base devem deixar espaço para que cada região e escola incluam elementos que atendam às particularidades de seu contexto.

A proposta da Base ocupou as páginas dos jornais devido, principalmente, à forte polêmica em torno dos conteúdos e objetivos previstos para algumas disciplinas, entre elas as de História e Literatura. No caso da História, os curriculistas teriam privilegiado conteúdos ligados diretamente a Brasil e África, deixando em segundo plano aqueles classicamente abordados na disciplina. De um dia para outro, a conversa sobre o currículo saiu do círculo dos especialistas, passou para os editoriais dos grandes jornais e dali foi para as redes sociais. A questão da existência ou não de uma Base Curricular Nacional deixou de ser um tema dos especialistas e passou a ser matéria do noticiário cotidiano.

As polêmicas sobre a Base Nacional Comum Curricular continuam. Uma das críticas da Associação Nacional de Pesquisas em Educação (Anped), que destaquei anteriormente, dirige-se *à própria ideia da formulação de objetivos de aprendizagem*, que são considerados por ela um fato que fica *aquém* das verdadeiras aprendizagens relevantes no processo educativo. Outro tipo de crítica concorda com o conceito de uma Base Curricular, mas discorda de alguns resultados obtidos. É o caso de algumas discussões sobre os conteúdos de História, Literatura e Arte.

Existem também críticas não apenas aos resultados pontuais, mas à metodologia e a algumas características estruturais da proposta. A proposta que temos é o resultado do trabalho isolado de grupos de especialistas nas diversas áreas e não há sinais de uma etapa de trabalho no qual ao menos as áreas sejam submetidas a uma integração. Para que o leitor entenda: se o grupo de Língua Portuguesa coloca como objetivos de primeira série do nível médio que o aluno seja capaz de identificar a estrutura de um argumento, espera-se que o grupo de Filosofia ofereça esses elementos em sua proposta para a mesma série. *Não* há esse tipo de trabalho na Base Curricular que está em discussão. Nela, por assim dizer, as disciplinas não conversam entre si, o que seria de se esperar em um país cujas leis educacionais insistem em louvar a interdisciplinaridade. Não houve trabalho interdisciplinar na elaboração da Base e só isso seria suficiente para algum ceticismo quanto aos resultados a que chegaremos.

Cada um dos grupos de trabalho fez o que pôde e o resultado reflete a quantas andamos em cultura curricular e pedagógica. Há grupos maduros, com alguma tradição em pesquisa na área, mas há disciplinas que apenas começam, como Sociologia e Filosofia. O que se espera é que cheguemos, na versão final, a uma maior consistência na redação dos objetivos de aprendizagem, pois na versão inicial cada grupo decidiu-se por um estilo; é recomendável um trabalho na integração entre disciplinas e áreas em um mesmo nível, na dosagem progressiva dos desafios de aprendizagem, na avaliação adequada do tempo escolar previsto para cada item, nas decisões sobre o mínimo fixo e o variável regionalmente. O desafio da elaboração de uma Base Comum, no entanto e em que pese a contrariedade de uma parte da comunidade pedagógica, parece ser inarredável, não apenas pela força da lei, mas igualmente como parte dos esforços que nos faltam fazer para que nosso sistema educacional promova inclusão com qualidade.

Este livro não é uma proposta de discussão da Base Nacional Comum Curricular, mas de aspectos da educação brasileira que incidem sobre ela, em especial algumas dificuldades de nossa cultura curricular. Quero passar a limpo algumas das razões pelas quais chegamos a certos extravios na conversa sobre currículo. Para o leigo, a expressão "currículo" designa uma lista de conhecimentos escolares. As polêmicas em torno dos documentos da Base reforçam esse uso do termo, pois se discute sobre a presença ou ausência deste ou daquele conteúdo nesta ou naquela disciplina. E ao leitor dos documentos é esclarecido que a Base "vai deixar claro os conhecimentos essenciais aos quais todos os estudantes brasileiros têm o direito de ter acesso e se apropriar durante sua trajetória na Educação Básica, ano a ano, desde o ingresso na Creche até o final do Ensino Médio".[5]

Por mais que os especialistas protestem e que o currículo seja mais do que uma relação de conhecimentos essenciais sequenciados, faz parte dele, em alguma instância, uma listagem de conteúdos e objetivos, um certo horizonte de expectativas e direitos de aprendizagem. Como esclarece o documento introdutório da BNCC, o currículo é um instrumento para a gestão pedagógica, pois é com base nele que podemos acompanhar a vida escolar das crianças. Ele é também, como consta em documentos patrocinados pelo Ministério da Educação, "um campo em que se tenta impor tanto a definição particular de cultura de um dado grupo quanto o conteúdo dessa cultura. O currículo é um território em que se travam ferozes competições em torno dos significados".[6]

Bastaria que o leigo lesse essa advertência em um documento que tem selo oficial para que não se surpreendesse com as polêmicas em torno do currículo. Seria estranho se não ocorressem "competições ferozes".

Uma tradição interrompida

A tradição dos estudos curriculares no Brasil é relativamente recente. De certa e lenta maneira, ela acompanha, com ênfases e ritmos diferentes, o ciclo internacional, que costuma ser dividido em três grandes fases: teorias tradicionais, teorias críticas e teorias pós-críticas do currículo.[7] Há sutilezas e subdivisões nessas teorias, mas aqui abordarei apenas algumas características do período mais recente, a partir dos anos 1970.

Os estudos de currículo predominantes nas universidades brasileiras até os anos 1970 eram influenciados por autores como Ralph Tyler e Hilda Taba. Entre as referências importantes na época estavam Marina Couto, Lady Lina Traldi, Dalila Sperb, entre outros nomes.[8] Essas autoras foram influentes na teoria curricular brasileira entre os anos 1960 e 1970 e defendiam o que era então chamado de "currículo por objetivos".[9] Essa expressão generalizou-se porque uma das principais etapas do planejamento de ensino nesse modelo consistia na especificação dos objetivos, rendimentos ou realizações que os estudantes deveriam obter nos diferentes momentos de suas vidas escolares. O modelo levava a algo assim:

> [...] quando o aluno estiver estudando os componentes de Matemática, na primeira série do ensino médio, deverá ser capaz de operar com vetores (soma e multiplicação por um escalar), interpretando essas operações geometricamente e representar transformações no plano por meio de vetores.

Retirei esse exemplo da proposta atual de Base Curricular.[10]

Uma tradição retomada?

Estamos voltando à teoria curricular dos anos 1960? Sim, ao menos em parte. O leitor das propostas da Base constata que a parte sua essencial consiste na indicação de itens de aprendizagem para as diferentes etapas da vida escolar e é a indexação do objetivo com a série que permite o acompanhamento e avaliação da vida do estudante.

O que estamos fazendo com a Base Curricular tem um parentesco com algo que foi duramente criticado e literalmente abandonado pelos estudos curriculares progressistas que tomaram conta da Pedagogia brasileira a partir dos anos 1980. Uma parte das atuais críticas à Base surge do próprio campo dos estudos curriculares que um dia desconfiou e recusou esse vocabulário de objetivos e conteúdos. Como chegamos a isso? Ou melhor, como *voltamos* a isso? E, melhor ainda, *de fato* voltamos a isso ou a algo apenas *parecido* com isso? *Podemos* ou *devemos* ter objetivos de aprendizagem? Voltarei, mais adiante, ao tema das outras etapas de nossos estudos curriculares. Por ora quero seguir um pouco mais com essa história dos objetivos para tentar ver melhor o que foi que um dia jogamos fora pela janela e agora estamos trazendo (ou não) de volta pela porta.

Queremos tanto Pitágoras

Tudo começou com uma falta de cuidado para com o conceito de "educação". Se os primeiros teóricos exageraram na forma de ver a educação como um meio para obter certos objetivos que deveriam ser claramente enunciados,[11] os progressistas valeram-se do oposto e sustentaram que ninguém educa ninguém e, em nome desse ditado, praticamente sepultaram o campo curricular e, com ele, o campo das didáticas, pois a academia começou a ocupar seu tempo desconstruindo a escola.

O modelo de currículo por objetivos surgiu no momento de expansão dos serviços educacionais públicos, o que demandou esforços inéditos de planejamento e na distinção entre *finalidades* e *objetivos* educacionais, algo importante para usos menos vagos do conceito de educação. O campo das finalidades comportava os enunciados amplos, de natureza antropológica e política, que incluíam a transmissão da cultura e a ampliação de um modo de vida democrático. Esses enunciados mais gerais deveriam ser a fonte de inspiração para aquilo que seria indicado em um nível mais específico, aquele dos objetivos de aprendizagem. Foi nessa época que se consagraram entre nós as ideias básicas que deveriam presidir o planejamento educacional: a realização de diagnósticos de contexto, a formulação de objetivos compatíveis com o diagnóstico, a seleção e a organização de conteúdos, a seleção e a organização das experiências de aprendizagem mais adequadas para aquele contexto, bem como a seleção e a organização das formas de avaliação compatíveis. Esses conceitos foram bem recebidos na cena pedagógica de então, pois o planejamento curricular, assim concebido, não apenas era de bom senso, mas também progressista, pois introduzia racionalidade e argumentos em um meio que era dominado por personalismos e improvisação.

Aos poucos, no entanto, aconteceram os excessos e o modelo passou a ser visto como uma camisa de força, perdendo o prestígio que havia justamente obtido.[12] Junto aos exageros decorrentes da própria lógica do modelo, firmava-se no Brasil o processo de resistência à ditadura militar. Em sintonia com esse momento, as faculdades de Educação passaram a valorizar, mais do que o estudo e a redação de objetivos comportamentais, a compreensão dos aspectos sociais e políticos da escola. Começava ali o abandono da teoria curricular como a conhecíamos, como uma tarefa que incluía também o trabalho miúdo da especificação de objetivos de aprendizagem.

De certa forma, a conversa em torno de uma Base Curricular Nacional está voltando a isso. Eu escrevi "de certa forma" porque não se volta do mesmo jeito ao ponto de partida, depois de tanto tempo. É como se agora, após 30 anos de normalidade democrática, pudéssemos finalmente voltar a conversar sobre o quanto queremos bem ao teorema de Pitágoras e à regra de três, minimizando nossas preferências políticas.

As críticas ao modelo de objetivos de ensino

Voltamos a ser "tradicionalistas" em matéria de currículo quando aceitamos falar, como fazem os documentos da Base Nacional, em objetivos de aprendizagem? Mais uma vez, trata-se de uma questão que depende do esclarecimento de detalhes que costumam ser esquecidos. Repassarei aqui algumas das principais críticas que foram feitas ao modelo de currículo por objetivos.[13] Uma delas é que as técnicas de redação de objetivos de aprendizagem somente funcionam bem quando são aplicadas aos conteúdos curriculares mais simples e triviais. Com essa providência, os conteúdos podem ser operacionalizados na sala de aula, com a consequência de certa desconexão do planejamento curricular em relação aos resultados mais importantes que se esperam do processo educacional. O modelo podia ser considerado interessante para metas triviais, mas seria inadequado para os fins mais amplos da educação. O modelo foi, então, chamado de "tecnicista", pois, entre outros aspectos, privilegiava o detalhamento e tirava a atenção das metas mais amplas.

Essa crítica era usualmente combinada com observações acerca dos longos prazos requeridos para a realização de mudanças importantes na educação. Assim, um modelo orientado pela formulação de objetivos de aprendizagem expressos operacionalmente poderia ser bom para empresários, mas de pouca valia no campo educacional.

Uma outra direção de críticas dizia respeito ao controle do trabalho do professor, que se veria engessado pelo cumprimento dos passos previstos pelo currículo. Na medida em que o modelo previa objetivos e direitos de aprendizagem explícitos, isso inibiria uma certa dimensão do trabalho do professor, em especial aquela de aproveitar as oportunidades de ensino que surgem no cotidiano. Essa mesma tecla do controle serviu para acionar uma outra direção de críticas: o modelo privilegiaria os comportamentos cognitivos que podem caber nos procedimentos de avaliação e mensuração e isso deixaria de contemplar outras dimensões da humanidade do aluno, mais dificilmente mensuráveis. Nessa mesma linha, o modelo de objetivos passou a ser visto como pouco democrático porque ele parecia fixar de antemão os ideais de comportamento cognitivo (em detrimento da área afetiva, por exemplo).

Por fim, o modelo passou a ser considerado pouco realista para áreas importantes do ensino, como artes e humanidades, nas quais a elaboração de objetivos de aprendizado parecia ser mais difícil. A lista das objeções ao modelo tradicional não era pequena.

Grandiloquências

Algumas dificuldades que surgem nessa conversa têm sua origem no fato de que estamos olhando menos para o ensino e a escola e mais para uma teoria da ação social defendida com conceitos demasiadamente amplos, para não dizer vagos.[14] Seria muito raro que não houvesse nada razoável nas autoproclamadas teorias críticas, mas seria ainda mais incomum se nada prestasse naquelas que são chamadas genericamente de "teorias tradicionais".[15] Há duas razões para isso. A primeira delas é que a educação possui, necessariamente, uma dimensão conservadora. Abordarei esse tema mais adiante. A outra é que há áreas do ensino nas quais o modelo de currículo por objetivos pode funcionar muito bem, sem que o aspecto essencial de indeterminação, intrínseco à formação educativa, seja desrespeitado.

Não é fácil dizer onde e como o modelo de currículo por objetivos pode funcionar bem. Há uma convicção generalizada de que as primeiras elaborações sobre currículo foram simplificadoras e, algumas vezes, transplantaram mecanicamente os conceitos da teoria do planejamento empresarial ou governamental. Por outro lado, as caracterizações clássicas da educação usualmente apenas indicavam seus propósitos superiores e, com isso, ficava à descoberto um amplo campo de aspectos essenciais. Em nome de ideais grandiosos, o simples treinamento, a mera instrução, a memorização de conteúdos e procedimentos, os pequenos rituais de iniciação foram deixados de lado. Em nome de uma crítica ao tradicionalismo na educação, a palavra de ordem passou a ser que ninguém educa ninguém. A educação começou a ser vista na essência pelos seus aspectos pretensamente mais elevados, que apenas disfarçavam confusões e grandiloquências.

Desempacotando o conceito de educação

Educação *também* rima com indeterminação, mas não apenas isso. Em primeiro lugar devemos lembrar os processos de *habituação* e *treinamento* aos quais nossos filhos são submetidos desde que nascem. Alguns desses processos são tão sutis que nem sequer nos damos conta deles. Pois não é assim que a criança habitua-se primeiro a confiar em alguém, em abraços e sorrisos? Ela habitua-se com a repetição das palavras e dos gestos e vai afinando sua mão para tocar aqui e ali. Em todas as sociedades há um tempo privilegiado para a lenta formação das mais diversas capacidades que exigem a repetição, o hábito, o treinamento, a memória. São centenas de situações de aprendizado de usos dos mais variados instrumentos para manipular coisas que um dia serão feijões ou casas, canoas ou carroças, desenhos e comidas; mesmo que não usemos um vocabulário de objetivos, o critério universal para a avaliação dos aprendizados de habituação e treinamento é o exame das realizações da criança diante dos padrões admitidos pela comunidade.

A educação comporta também os processos de *instrução*. Há coisas que precisamos saber em nossos corações e, por isso mesmo, dizemos *de cor*. O mundo é vasto demais e as gerações, numerosas. Com alguma sorte, elas acumularam informações valiosas para a nossa sobrevivência e uma parte substantiva de nossas vidas depende de que sejamos instruídos sobre coisas elementares que precisamos saber, fazer, lembrar. Se no treinamento e na habituação acionamos as camadas mais profundas e corporais da memória, no passo seguinte da instrução somos convidados a guardar informações de prontidão essencial. No nível instrucional também não há o que objetar ao modelo de currículo por objetivos, exceto os exageros que o bom senso se encarrega de cuidar. As lembranças e os reconhecimentos são pilares em nossas vidas.

Quando consideramos a educação como um conceito que traz muitas camadas dentro de si não podemos esquecer os processos de *iniciação*: "a iniciação se ocupa da familiarização com valores e normas sociais e uma iniciação realizada com êxito dá lugar a uma capacidade para interpretar o entorno social e antecipar a reação às próprias ações".[16]

Talvez seja mais adequado falar no plural aqui, em *iniciações*, pois elas começam nos círculos mais íntimos e depois se expandem. Elas podem ser mais ou menos explícitas e seus limites são variáveis, podem ser mais ou menos sérias, mais ou menos rígidas. Em algumas épocas da vida certas normas e ideais podem ser promovidos de forma intensiva como nos momentos de escolarização formal. Surgem ali as tensões típicas das iniciações, distribuídas em um arco que inclui desde as identidades que sonhamos ter a partir das intenções da escola até aquelas que surgem junto aos mais variados grupos de pares, grupos, bandos e bondes. A forma de vida que a escola promove ao apresentar-se para a criança como uma comunidade de formação orientada pelos valores de compaixão e verdade representa o grande contorno de uma iniciação. Aqui podemos pensar que os objetivos mostrarão uma direção, mas serão, ao mesmo tempo, um tanto vagos. O sentido da iniciação fica mais evidente quando vemos que ele está ligado aos nossos esforços de introduzir as crianças e os jovens nos sistemas de pensamento, no conhecimento da cultura, nos valores de pertencimento e autonomia que nos alimentam. Não podemos aqui ter medo das palavras, são processos de *indução*. Quando eles são bem realizados permitem o desenvolvimento de nossa capacidade para não apenas captar relações e juízos, mas também para progressivamente estabelecê-los por nós mesmos.

Quanto mais nos elevamos nas camadas do processo educativo – *habituação, treinamento, instrução, iniciação, indução* –, mais se torna complexa a aplicação do modelo de currículo por objetivos. Os problemas mais interessantes ocorrem na área de indução ao conhecimento, pois se trata de uma tarefa na qual as diferentes camadas da educação estão presentes. De um lado, quando aprendemos a falar, colocamos em ação as estruturas conceituais e inferenciais da linguagem, das quais nem sempre temos uma consciência explícita e de cujas potências nem sempre suspeitamos; mas quando aprendemos nossa língua materna, não estamos apenas dominando um código, pois ele traz consigo algo que um dia chamaremos, com sorte, de "mundo". Aqui surge (ou não) a aventura do conhecimento, pois queremos induzir nossos filhos a uma explicitação dos níveis básicos de conhecimento que acompanham a aquisição da língua materna. O nome disso pode ser escola e currículo.

A melhor crítica ao currículo por objetivos é voltar-lhe as costas?

O conceito de educação, quando desempacotado na direção sugerida aqui, pode ser compatibilizado com a formulação de currículos por objetivos. O mapeamento obtido com a explicitação do conceito será valioso para indicar as situações nas quais o modelo pode ser aplicado com mais ou menos sucesso, ou quando deve ser simplesmente deixado de lado. Evita-se, assim, a repetição da tragédia dos anos 1980, quando a crítica ao modelo de currículo por objetivos consistiu em voltar-lhe as costas.

A caracterização do currículo, como indiquei atrás, tem sido um campo de lutas ferozes. Uma sugestão menos metafórica é a de Stenhouse. O currículo, diz ele, é "uma tentativa para comunicar os princípios e traços essenciais de um propósito educacional, de forma tal que permaneça aberto à discussão crítica e possa ser levado efetivamente à prática".[17]

Essa definição nos leva aos temas de conteúdos e métodos de ensino, aos problemas decorrentes de sua aplicação concreta nas instituições escolares, a princípios de planejamento e de avaliação e, enfim, a propostas educacionais, pois o currículo será o conjunto das iniciativas, dos meios e dos procedimentos com os quais tentamos colocar em prática nossas convicções de indução formacional.

Como se teoriza hoje sobre currículo no Brasil, à parte as polêmicas sobre a Base Curricular Nacional? As vozes hegemônicas da teoria curricular brasileira distribuem-se em um espectro que começa na esteira de um movimento que ficou conhecido como a Nova Sociologia da

Educação (NSE). Voltarei a esse tema mais adiante. Por ora basta dizer que a NSE tem seu início simbólico em 1971, com a publicação do livro *Conhecimento e controle: novas direções para a sociologia da educação*. Essa Nova Sociologia da Educação foi rapidamente afunilada entre nós. Os pedagogos brasileiros enveredaram pelas obras de Louis Althusser, Pierre Bourdieu, Jean-Claude Passeron, Christian Baudelot e Roger Establet, para divulgar um evangelho reprodutivista em diversas versões. O ponto de partida consistiu na sustentação de que a escola era um instrumento de reprodução do capitalismo, por meio da difusão dos valores da classe dominante. As diferenças entre os reprodutivistas correram por conta de quanto cada um deles concedia em valor e autonomia para o conhecimento e a escola. A segunda onda veio com Michael Apple e Henry Giroux. Os escritos deles sobre as relações entre currículo, poder e ideologia ocuparam o lugar dos poucos estudos curriculares à moda antiga que porventura ainda existiam. Nesse mesmo período – a segunda metade dos anos 1970 – firmou-se a posição de Paulo Freire como liderança pedagógica, em um clima aparentado, mas apenas de longe, com a Nova Sociologia da Educação. Abordarei o tópico mais adiante.

No final dos anos 1970, o giro sociopolítico no campo do currículo consolidou-se e, com ele, os estudos curriculares ligados aos conteúdos e às didáticas foram varridos para baixo do tapete pedagógico. No lugar deles entraram as teorias da ação social aplicadas à educação. O esvaziamento da escola foi de tal ordem que surgiu no início dos anos 1980 um movimento que procurou recuperar o que havia sido sacrificado no altar da crítica. Tratava-se da "Pedagogia histórico-crítica", um grupo que não queria abrir mão do território comum da crítica e apresentou-se ainda como "Pedagogia crítico-social dos conteúdos".[18] O grupo notabilizou-se pela defesa de uma separação entre educação e política ("inseparáveis, mas distintos entre si"[19]) e pela valorização do conhecimento escolar. Ficaram também conhecidos como "conteudistas". Nas palavras de Moreira, "os conteudistas propõem-se, então, a resgatar a importância dos conteúdos e a ressaltar a função básica da escola que é, segundo eles, a transmissão de conhecimento".[20]

O grupo também ficou conhecido por esgrimir as primeiras críticas à pedagogia de Paulo Freire, acusado de valorizar a cultura popular de uma forma que terminaria por não promover adequadamente a inserção do aluno no conhecimento escolar.²¹

Depois da *Pedagogia dos conteúdos*, que faz parte da onda das teorias críticas, surgiram as teorias *pós-críticas*, que colocaram na agenda da Pedagogia os estudos culturais e seus temas: feminismo, gênero, etnias etc. Esses novos temas, no entanto, foram tão fascinantes e cresceram tanto que terminaram por ocupar praticamente toda a atenção. Apresso-me a acrescentar: não há nada de errado na investigação dos aspectos políticos e culturais que envolvem a escola, mas ela também é didática, conteúdos, ensino e aprendizagem, e nosso cuidado com a política não pode implicar o menor descuido dessas dimensões.

É nesse ambiente, do campo curricular ocupado principalmente com os estudos culturais, que estamos elaborando uma base nacional de objetivos de aprendizagem. A qualidade do resultado a que chegaremos será proporcional à de nossa cultura curricular, que é próxima a quase nada.

NOTAS

1 Ênio Silveira et al., *Encontros com a civilização brasileira*, Rio de Janeiro, Civilização Brasileira, 1979, pp. 33-47.
2 Dermeval Saviani, *Pedagogia histórico-crítica*, Campinas, Autores Associados, 2013, p. XVI. As passagens anteriores, entre aspas, também são de autoria de Saviani, no mesmo livro, na p. 50.
3 Uma boa avaliação do manifesto pode ser encontrada em Nogueira, 2013.
4 Antônio Moreira e Vera Candau, *Indagações sobre o currículo: currículo, conhecimento e cultura*, Brasília, MEC/Secretaria de Educação Básica, 2007, p. 28.
5 Disponível em <http://basenacionalcomum.mec.gov.br/#/site/base/o-que>, acesso em 15 fev. 2016.
6 A frase está em um dos documentos oficiais da Base Curricular Nacional. Trata-se do estudo realizado por Antônio Moreira e Vera Candau, op. cit., p. 28.
7 Essa periodização pode ser encontrada, por exemplo, nos trabalhos de Tomaz Tadeu da Silva. Não vou discutir aqui o curioso uso da palavra "teoria" que tem curso livre na literatura sobre o tema, mas não podemos deixar de ver aqui o tributo que a Pedagogia paga ao modelo sociológico que se tornou dominante a partir dos anos 1940. Outros teóricos, adeptos de outras cientificidades, falam em "campo do currículo", "estudos curriculares" etc. Farei um uso alternado dessas expressões.
8 Acompanho aqui as sugestões de Antônio Moreira, *Currículos e programas*, Campinas, Papirus, 2012, p. 96.
9 Os antecedentes desse modelo estão nos livros de Franklin Bobbitt *The Curriculum* (1918) e *How to Make a Curriculum* (1924). Um bom resumo dessa história pode ser encontrado no livro de Lawrence Stenhouse, *An Introduction to Curriculum Research and Development*, que traz também uma síntese da definição típica de currículo nos anos 1960: "O conjunto de experiências planejadas proporcionadas pela escola para ajudar os alunos a conseguir, no melhor grau, os objetivos de aprendizagem projetados, segundo suas capacidades. [...] É o esforço conjunto e planejado de toda a escola, destinado a conduzir a aprendizagem dos alunos a resultados de aprendizagem predeterminados. [...] Em vista das deficiências da definição popular atual, diremos aqui que o currículo é uma série estruturada de objetivos de aprendizagem que se deseja obter. O currículo prescreve (ou ao menos antecipa) os resultados da instrução." (Tradução nossa da edição em espanhol: Stenhouse, 1998, pp. 28-9.)

[10] Esta proposta está disponível em <http://basenacionalcomum.mec.gov.br/#/site/conheca>, acesso em 15 fev. 2016.
[11] Esse modelo foi conhecido como "currículo por objetivos". Os principais nomes são os Ralph Tyler (*Basic Principles of Curriculum and Instruction*, de 1949) e de Hilda Taba (com seu *Curriculum Development: Theory and Practice*, 1962). Eles tiveram muita influência nos estudos curriculares brasileiros nos anos 1960 e 1970.
[12] "Planejar um currículo, nesse período, demandava responder, de forma minuciosa, ordenada e clara, muitos quesitos de planilhas; o macroplanejamento curricular tinha, na outra ponta, na sala de aula, o plano de ensino redigido com verbos comportamentais que deveriam indicar precisamente os rendimentos esperados ao final da aula. Isso, dizia-se, era a condição necessária para uma avaliação adequada. Esses procedimentos, com o passar do tempo, começaram a ser vistos como abusivamente racionais; dizia-se que esse tipo de planejamento procurava antecipar acontecimentos que não comportavam tamanha previsibilidade; outra acusação é que se privilegiava a abordagem psicológico-comportamentalista e com isso passava-se ao largo dos aspectos sociais e políticos da educação; acima de tudo denunciava-se a camisa de força dos objetivos comportamentais ao modo de Bloom." Ronai Rocha, *Ensino de Filosofia e currículo*, 2. ed., Santa Maria, Ed. da UFSM, 2015, p. 91.
[13] Retomo nesse ponto o tratamento que dei a esse tema no meu livro *Ensino de Filosofia e currículo*.
[14] As teorias da ação e do controle social foram decisivas para a Sociologia da educação que se tornou dominante, escreve Michael Young no prefácio de *Knowledge and Control. New Directions for the Sociology of Education* (London, Collier-MacMillan, 1971). Um trabalho decisivo nessa direção foi o de Alan Dawe, como, por exemplo, "Teorias da ação social", em Tom Bottomore e Robert Nisbet (orgs.), *História da análise sociológica*, trad. Waltensir Dutra, Rio de Janeiro, Zahar, 1980.
[15] Poucas palavras são tão castigadas na Pedagogia como "tradicional". Ela foi deformada até o esvaziamento.
[16] Stenhouse, op. cit, p. 122.
[17] Idem, ibidem, p. 29.
[18] Sobre esse grupo, o documento principal é o livro *Pedagogia histórico-crítica*, de Dermeval Saviani, op. cit. Há exposições sobre o tema nos livros de Antônio Moreira, op. cit., e Tomaz Tadeu Silva (*Documentos de identidade: uma introdução às teorias do currículo*, Belo Horizonte, Autêntica, 2005).
[19] Demerval Saviani, *Escola e democracia: polêmicas do nosso tempo*, São Paulo, Cortez, 1984, p. 85.
[20] Antônio Moreira, op. cit., 2012, p. 135.
[21] Sobre esse ponto, veja Antônio Moreira, op. cit., 2012, pp. 136 *ss*.

ONDE NOS EXTRAVIAMOS?

Um dos temas deste livro é um certo extravio de nossa cultura curricular e pedagógica. Deixo de lado a discussão dos caminhos do sindicalismo docente e o balanço de perdas e ganhos decorrentes das oscilações de identidade sugeridas pelas fábulas de Zilbra, pois isso me afastaria do debate sobre a reelaboração de uma cultura curricular em favor de uma escola suficientemente boa. Não nego que os movimentos sindicais foram feitos com um senso misto de urgência e oportunidade, mas é mais do que hora de discutir as consequências dessa troca de identidade que está na base do sindicalismo que praticamos e que interfere nas relações entre o professor e a criança, nas relações entre o professor e o conhecimento, nas relações entre o professor e o currículo, a Pedagogia e a avaliação. Minha convicção é de que essa oscilação de identidade afetou profundamente não apenas o simbolismo do lugar do professor, mas também seu próprio desempenho, em um sentido profundo e com consequências trágicas. O estudante deixou de ser estudante para ver-se como cliente comprador do produto educacional oferecido pelo trabalhador; o diretor da escola deixou de ser o pedagogo e passou a ser um gerente de projetos; os pais deixaram de fazer o gesto de entrega do filho à responsabilidade formadora do professor para se verem como sócios na aquisição de um produto. O currículo, a Pedagogia e a avaliação foram rebaixados a dispositivos instrumentais de ocasião. Foi nesse progressivo esvaziamento pedagógico que a escola foi apostilada. Não importa aqui se pensamos em estabelecimentos escolares públicos ou particulares, pois em toda as partes o simbolismo foi tocado pela troca de identidade.

Esses extravios começaram nos anos 1970, quando algumas porções substantivas de nossa cultura educacional tiveram o curso alterado: a noção de currículo começou a ser trabalhada apenas em seu eixo político, a Pedagogia tornou-se trivialmente centrada nas teorias da ação social, a avaliação foi minimizada.

O currículo não é a coisa mais importante do mundo

O currículo não é a coisa mais importante do mundo, mas é o que conta as coisas mais importantes. O extravio pedagógico consistiu em deixar em segundo plano o reconhecimento do currículo escolar como um processo de recontextualização do legado das realizações relevantes da humanidade de uma geração para outra, em favor máximo da dimensão política da educação. Isso foi feito à custa da pesquisa sobre os processos de transmissão para os novos setores da população que não tinham até então tradição de acesso à escola. Junto a esse extravio veio outro. O currículo passou a ser praticado como um presépio no qual cada professor pendura seu presente, de acordo com seu gosto pedagógico e orçamento cognitivo.

A virada sociológica na Pedagogia consistiu em uma concentração no estudo dos processos de seleção, organização e avaliação do conhecimento nas instituições educacionais, estudos que estavam ligados a um momento de expansão e abertura da escola. Basta lembrar que foi apenas em 1971 que deixou de existir no Brasil o Exame de Admissão ao Ginásio.[1] Um marco mais importante desse giro é a publicação, em 1971, do livro *Conhecimento e controle,* organizado por Michael Young, que contou com trabalhos do próprio Young, de Basil Bernstein, de Pierre Bourdieu e de outros autores.

A Nova Sociologia da Educação assumiu rumos muito peculiares no Brasil. Ela foi rapidamente redefinida nos termos das teorias sobre a escola reprodutivista. Por outro lado, havia Paulo Freire, cuja obra privilegiava, de modo claro, temas ligados à educação popular. A primeira edição da *Pedagogia do oprimido* foi publicada entre nós em 1974.[2] O livro foi decisivo para que a Pedagogia brasileira ganhasse consciência social e política e representou uma saída alternativa ao vocabulário dos principais textos e conceitos da nova Sociologia.[3]

A que veio a *Pedagogia do oprimido?* O livro tinha como alvo o sectarismo que dominava o movimento revolucionário no Brasil, como Paulo Freire esclarece. Os sectários de esquerda, diz ele, consideram

> [...] a nossa posição diante do problema da libertação dos homens como uma posição idealista a mais, quando não um "blá-blá-blá" reacionário. "Blá-blá-blá" de quem se perde falando em vocação ontológica, em amor, em diálogo, em esperança, em humildade e simpatia. [...] Não são raros os revolucionários que se tornam reacionários pela sectarização em que se deixam cair, ao responder a sectarização direitista. [...] O homem de esquerda, ao sectarizar-se, se equivoca totalmente na sua interpretação "dialética" da realidade, da história, deixando-se cair em posições fundamentalmente fatalistas. [...] Daí que a pedagogia do oprimido, que implica uma tarefa radical [...] não possa ser realizada por sectários.[4]

A *Pedagogia do oprimido* pouco tinha a ver com os problemas da Nova Sociologia da Educação e, a rigor, não tratava nem de Pedagogia, tampouco do oprimido. O livro não tratava de Pedagogia, em sentido estrito, porque a discussão principal versava sobre a forma como as lideranças políticas deveriam relacionar-se com a massa. Assim, a expressão "pedagogia" é usada no livro em um sentido restrito, com duas acepções principais: o estilo da relação das lideranças revolucionárias com as massas oprimidas e o estilo da relação do formador com os adultos, nas classes de alfabetização. Por outro lado, como consequência do que afirmei antes, o livro não tratava do oprimido, mas das táticas que deveriam ser empregadas na relação dos quadros revolucionários com as massas. Freire emprega a distinção entre tática e estratégia, e o livro destinava-se, principalmente, a alimentar o combate travado dentro das fileiras dos revolucionários contra aqueles companheiros de viagem que usavam "a propaganda, o dirigismo, a manipulação, como armas de dominação".[5] Freire estava preocupado com os rumos da mobilização popular no Brasil da época, mas com o passar do tempo, o livro deixou de ser lido nessa perspectiva e passou a ser considerado por outro ângulo, como se vê nessa apresentação: "Em sua obra mais conhecida, a *Pedagogia do oprimido*, o educador propõe um novo modelo de ensino, com uma dinâmica menos vertical entre professores e alunos e a sociedade na qual se inserem."[6]

A revolução, nas palavras de Freire, exige uma teoria que guiará a forma da relação entre seus líderes e a massa. Seu livro tem como objetivo oferecer uma teoria contrária ao dirigismo habitual e vigente na época. Paulo Freire abraça no livro o que ele chama de "humanismo científico revolucionário",[7] cujos fundamentos consistem na combinação, usual para o período, das elaborações leninistas de *Que fazer?* com as teorias da consciência real e possível de Lukács e Goldmann. A cereja do bolo pedagógico veio de Mao Tsé-tung, o inspirador da principal tese da *Pedagogia do oprimido*, a saber, que ninguém educa ninguém.[8] Mas estou antecipando. Voltarei ao tema mais adiante.

Nossa originalidade pedagógica ficou ligada às teorias de ação social aplicadas à educação e com isso a ideia de currículo escolar foi esvaziada; a expressão aos poucos passou a indicar apenas o conjunto de conteúdos, objetivos e atividades escolares ou, de forma grandiloquente, os vastos temas críticos e pós-críticos.

O que pode vir a ser uma escola?

Um símbolo do extravio da cultura pedagógica é a perda, por renúncia, da mística do professor. A renúncia ocorreu no contexto das primeiras greves docentes nos anos 1980. O julgamento que ali foi feito, de que seria mais adequado para o perfil reivindicativo da categoria que ela fosse referida como "trabalhadores em educação", fazia sentido, pois era um combate contra a tendência de considerar a profissão de professor um caso de vocação e idealismo. Daí a serem considerados "tios" e "tias" era apenas um passo.

Há mais, no entanto, na profissão do professor do que essa escolha radical entre ser um "tio" ou ser um "trabalhador em educação". Na vida de uma criança, com alguma sorte, a escola é o primeiro lugar institucional onde ninguém pode mandar nela pela força do parentesco, do braço ou da idade, porque ali não é o local para esse tipo de hierarquia. A escola é o lugar das aprendizagens complexas que a rua e a casa não oferecem. O professor é o mediador desse processo e, por isso mesmo, reveste-se de uma aura, de uma *mística*. Ele introduz a criança nas complexidades e riquezas do mundo e por isso mesmo é guia, mentor, mestre.

Ao desvestir-se desse papel, declarando-se "trabalhador em educação", desaparecem os alunos. No lugar deles surgem os clientes. Ou seriam os empregadores? Poucas situações marcam mais claramente o extravio de nossa cultura pedagógica.

O travestismo na formação

Uma ideia central deste livro é que estamos vivendo não apenas uma crise na cultura curricular, mas também uma crise pedagógica generalizada. Isso pode ser visto na pouca ênfase de pesquisas em didática e metodologia de ensino. Elas foram deixadas de lado em favor de estudos sobre os aspectos políticos, sociais e antropológicos da educação. O giro político da Pedagogia foi importante no final dos anos 1970 e meados dos anos 1980, quando expressivos setores da sociedade brasileira somaram forças em torno da luta pela volta ao estado de direito. Naquele contexto a Pedagogia não podia dar a impressão de que a educação passava ao largo dos grandes temas da política, em especial diante dos desafios da inclusão escolar. Esse giro, no entanto, assim como levou a ganhos na formação da consciência política do educador, produziu perdas no campo das pesquisas sobre transposição didática e metodologia de ensino.

O déficit foi ainda mais generalizado nos departamentos universitários voltados à formação de professores. O trabalho formativo nos cursos de licenciatura, feito diante de um horizonte de baixa empregabilidade e de reduzidas perspectivas salariais, pouco se adensou. As licenciaturas foram vítimas de uma esquizofrenia institucional. De um lado, os assim chamados "departamentos de conteúdo" se dedicaram à corrida pela profissionalização. De outro, os "departamentos de educação" mergulharam nos temas da Sociologia educacional. Os cursos de licenciatura cada vez mais se travestiram de bacharelados e voltaram-se para a pós-graduação do setor, que recém-surgia.

Como conversar sobre o currículo?

Uma das razões da dificuldade em conversar sobre o currículo é que não temos o vocabulário para isso. A pouca cultura curricular disponível é dominada pelas teorias que se pretendem *pós-pós-críticas*. A própria escola ainda é objeto de uma descrição rebaixada, ora como reprodutora, ora como um dispositivo de disciplinamento. O pouco caso pelo didático-pedagógico em benefício do político-cultural continua forte. Como sugeri em *Ensino de Filosofia e currículo*, não foi por acaso que

> [...] as sociedades de ensino, ao menos no Brasil, foram sendo criadas ao longo dos anos oitenta, na exata proporção em que as exigências da realidade do ensino não mais eram atendidas pelo modelo organizacional e pela orientação predominante nas faculdades de educação.[9]

Também não foi por acaso que as teorias tradicionais do currículo foram criticadas e abandonadas. As perspectivas teóricas e as descrições oferecidas pela Nova Sociologia da Educação tornaram impossível a sobrevivência delas. Havia ali um vocabulário excessivamente confiante nas virtudes de um planejamento curricular racional e exaustivo, baseado em objetivos comportamentais e em uma epistemologia muito esquemática. No caso brasileiro, o colapso foi ainda mais forte, pois nos anos 1970 as reformas educacionais foram recebidas como produtos da ditadura, elaborados sem a participação dos educadores. Tudo estava pronto para que as teorias tradicionais do currículo fossem abandonadas, o que aconteceu no sopro dos primeiros ventos da abertura política. Mas a sede com que corremos ao pote foi tanta que, em favor da politização da educação, varremos para o lado o cuidado com os aspectos essenciais da relação pedagógica e aos poucos os estudos sobre epistemologia do currículo, sobre a transposição didática, foram perdendo relevância, pois no centro da conversa o tema era educação bancária e reprodução.[10]

Uma visão expressivista do currículo

Se a minha descrição da cultura curricular brasileira é minimamente correta, é de esperar que ela seja exemplificada nos documentos oficiais de governos federais e estaduais, ao menos. Farei isso mais adiante. Ofereço agora apenas uma mostra da forma como o currículo foi caracterizado nas atuais *Orientações curriculares para o ensino médio*. Lê-se ali:

> O currículo é a expressão dinâmica do conceito que a escola e o sistema de ensino têm sobre o desenvolvimento dos seus alunos e que se propõe a realizar com e para eles. Portanto, qualquer orientação que se apresente não pode chegar à equipe docente como prescrição quanto ao trabalho a ser feito.[11]

Fica claro que os autores preocupam-se, acima de tudo, em não parecer impositivos "à equipe docente": o currículo é uma orientação não prescritiva. Não bastasse essa sinalização, o currículo é da ordem da "expressão". Ora, o contraste de "expressão", como uso de linguagem, é com "declaração", por exemplo. Assim, a palavra "expressão" visa deixar claro que o currículo "deve ser entendido como expressão de uma política cultural, na medida em que seleciona conteúdos e práticas de uma dada cultura para serem trabalhados no interior da instituição escolar",[12] como lemos em um trecho anterior do mesmo documento.

Fica evidente aqui o "expressivismo", no qual o currículo é reduzido a uma manifestação comunitária, esvaziada cognitivamente, no qual a dimensão pública e escrita apenas disfarça sua natureza particularizante. Essa caracterização do currículo, centrada na ideia de "expressão dinâmica do conceito que a escola [...] têm sobre o desenvolvimento dos seus alunos", é a marca da dificuldade de uma conversa ampliada sobre o currículo. Cada equipe docente é promovida à instância decisória. Ou deveríamos, ao contrário, dizer que cada equipe docente é *abandonada à própria sorte*? Uma verdade importante, a saber, que sem os docentes não há escola, e currículo é transformado em medida final. Eles devem, por exemplo, ter um conceito sobre o "desenvolvimento dos alunos". Mas como isso poderia ocorrer a contento quando lembramos que os estudos de Psicologia da aprendizagem foram marginalizados na formação dos licenciados, desde o final dos anos 1970, em benefício exclusivo das abordagens de cunho sociopolítico-antropológico? Outra forma de mostrar a crise do pensamento curricular brasileiro vem do exame do que os documentos governamentais, nos mais variados níveis, dizem sobre a interdisciplinaridade. Adiarei esse tema, no entanto, para continuar um pouco mais a conversa sobre currículo.

NOTAS

[1] "O exame de admissão ao ginásio foi instituído, em nível nacional, no ano de 1931, e perdurou oficialmente até a promulgação da Lei n. 5.692/71, quando foi instaurado o ensino obrigatório de 1º grau, com duração de oito anos, integrando os cursos primário e ginásio em um único ciclo de estudos." (Geysa Abreu e Maria Minhoto, "Política de admissão ao ginásio (1931-1945). Conteúdos e forma revelam sementação do primário", em *Revista* HISTEDBR *On-line*, Campinas, n. 46, jun. 2012, pp. 107-18.)

[2] "O livro *Pedagogia do oprimido* foi concluído em Santiago do Chile no outono de 1968 e publicado em 1970. Considerado, conforme apreciação dos especialistas, a principal obra do educador, o livro aprofunda reflexões longamente amadurecidas sobre a libertação dos homens da situação de opressão, bem como às expressões desse processo nas concepções da educação e no diálogo entre os homens." A apreciação é de Celso de Rui Beisigel, *Paulo Freire*, Recife, Fundação Joaquim Nabuco/Massangana, 2010, p. 78.

[3] E isso quer dizer que passamos ao largo de textos clássicos como o de Basil Bernstein, "Sobre a classificação e o enquadramento do conhecimento educacional", que exerceu uma grande influência em outros países. O texto de Bernstein não foi traduzido e publicado no Brasil. O leitor curioso pode consultar uma versão que fiz para fins didáticos disponível em <http://ufsm.academia.edu/RonaiRocha>.

[4] Paulo Freire, *Pedagogia do oprimido*, Rio de Janeiro, Paz e Terra, 2014, pp. 33 ss.

[5] Idem, ibidem, p. 76.

[6] Disponível em <http://portal.mec.gov.br/component/content/article?id=17681:paulo-freire-e-declarado-o-patrono-da-educacao-brasileira>, acesso em 14 mar. 2017. Trata-se de um caso exemplar de descontextualização de uma obra. Um livro concebido e escrito como antídoto ao dirigismo revolucionário, dentro dos parâmetros conceituais do cientificismo marxista da época, tornou-se aos poucos um paradigma de Pedagogia.

[7] Ou ainda "liderança revolucionária científico-humanista", como se vê nas pp. 180-1 do livro de Freire, op. cit.

[8] Paulo Freire refere-se ao *Que fazer?*, de Lenin. De Lukács, ele cita o clássico *História e consciência de classe*; de Lucien Goldmann, cita *Ciências humanas e Filosofia*; e, de Mao, menciona, entre outros escritos, *Sobre a contradição*.

[9] Ronai Rocha, *Ensino de Filosofia e currículo*, 2. ed., Santa Maria, Ed. da UFSM, 2015, p. 99.

[10] Em 1989, Paulo Freire fez uma reivindicação interessante em relação aos "reprodutivistas": "Houve um tempo em que o trabalho educativo com os grupos escolares inventou alguns conceitos, como, por exemplo, *educação bancária*. Ele 'antecipava', num certo sentido, os escritos de L. Althusser. Havia nesses trabalhos uma crítica contra a função domesticadora da educação; havia críticas que encorpavam a resistência da cultura popular contra a educação popular" (Paulo Freire e Adriano Nogueira, *Que fazer: teoria e prática em educação popular*, Petrópolis, Vozes, 1989, p. 59). Mais adiante voltarei ao tema dos objetivos centrais de Freire ao inventar o conceito de "educação bancária".

[11] Brasil, *Orientações curriculares para o ensino médio*, v. 1, 2, 3, Brasília, MEC/ Secretaria de Educação Básica, 2006, v. 1, p. 9.

[12] Idem, ibidem, p. 8.

O CURRÍCULO COMO INICIAÇÃO

Há uma visão dominante sobre o currículo como um espaço de disputas ideológicas, travadas sobre o terreno da política e das elaborações sobre as características do conhecimento humano. O currículo parece, assim, ser um campo de decisões sobre conhecimentos e processos formacionais que se materializam em políticas públicas.

Por mais que as tintas do político e do social sejam fortes, ninguém ignora que a comunidade de especialistas de cada uma das áreas envolvidas é um dos componentes da disputa curricular. Aqui se manifesta a dimensão *epistemológica* do currículo, ligada à seleção de habilidades, conhecimentos e valores relevantes. A visão do currículo como esforço de preservação do que contamos como mais importante em nossa herança cultural é uma fórmula suficientemente sucinta para nos prevenir quanto à visão oposta, do currículo como uma questão meramente técnica, instrumental e neutra, a ser discutida e decidida apenas pelo círculo imediato dos especialistas. Ficam em aberto algumas questões importantes. A principal delas é a pergunta "importante para quem?" Voltarei a ela, mas adianto algo: trata-se daquilo que é importante para todos aqueles que, por exemplo, no contexto de uma conversa sobre a crise ambiental, entendem a piada "não existe Planeta B". Ou seja, na hora adequada, precisamos recorrer ao conceito de "humanidade".

Formas de iniciação

Podemos ver o currículo escolar como uma espécie das práticas de iniciação. Ao contrário das práticas tradicionais, trata-se de procedimentos frágeis, pouco estáveis e sujeitos a disputas. Desse ponto de vista mais amplo, trata-se do conjunto de decisões que uma geração toma para levar adiante o repertório de habilidades, informações, valores e realizações consideradas valiosas. O currículo diz respeito ao conjunto de bons e bens[1] que devem ter sua continuidade assegurada geracionalmente. Desde os conselhos e ensinamentos que o velho sábio oferece para as crianças, ao redor de uma fogueira, em um rincão remoto,[2] até a grade curricular de uma universidade, ele diz respeito ao universo do melhor possível para uma comunidade. Em alguns casos relevantes essa comunidade é a humanidade. Isso faz com que a discussão sobre currículo seja, por vezes, interminável. Independentemente disso podemos dizer que o currículo, em uma de suas dimensões mais relevantes, é uma prática de iniciação ao que contamos como conhecimento válido.[3]

Podemos nascer duas vezes

Isso pode parecer demasiadamente geral, diante das questões por vezes tão concretas, como os fracassos de aprendizagem ou as defasagens de alunos e séries. Mas os momentos de crise são exatamente os que nos exigem uma volta à lembrança de fatos muito gerais sobre a condição humana. No caso do currículo, uma das minhas fontes de inspiração é um pequeno trecho de Thoreau, em *Walden*. Confesso que apenas me dei conta da importância dele a partir da leitura do livro de Stanley Cavell, *The Claim of Reason*.[4] Cavell reflete sobre o processo de aquisição de nossa língua materna e sugere que nele vivenciamos uma verdadeira iniciação, das poucas que ainda poderiam ser assim chamadas. Esse processo, que está sujeito a todo tipo de possibilidades,[5] é ilustrado por ele com uma passagem de *Walden*, na qual Thoreau oferece uma distinção entre língua materna e língua paterna, que transcrevo a seguir:

> [...] o estudante aventuroso sempre estudará os clássicos, em qualquer língua que possam estar escritos e por mais antigos que possam ser. Pois o que são os clássicos, se não o registro dos pensamentos mais nobres do homem? São os únicos oráculos que não caducaram, e há neles respostas à mais moderna indagação que Delfos e Dodona jamais deram. [...] Ler bem, isto é, ler livros verdadeiros com espírito verdadei-

ro, é um exercício nobre, e que exigirá do leitor mais do que qualquer exercício valorizado pelos costumes do momento. Requer um treino como o dos atletas, a dedicação constante quase da vida toda a esse objetivo. Os livros devem ser lidos com a deliberação e a reserva com que foram escritos. E tampouco basta falar a língua daquela nação em que estão escritos, pois há uma distância considerável entre a língua falada e a língua escrita, a língua ouvida e a língua lida. Uma é geralmente transitória, um som, uma fala, um dialeto apenas, quase animal, que aprendemos inconscientemente, como os animais, com nossas mães. A outra é sua experiência e amadurecimento; se aquela é nossa língua materna, esta é nossa língua paterna, uma expressão seleta e reservada, significativa demais para se entender de ouvido, que requer renascermos para aprendê-la.[6]

O texto aponta uma dicotomia aparentemente incontornável. A dualidade apontada por Thoreau entre a dimensão materna e paterna é um recurso para pensar a relação entre a *fala* e a *escrita*. Ela nos remete a outras versões desse mesmo dualismo: o acolhimento e o corte, o princípio do prazer e o princípio da realidade, os mecanismos psicológicos de assimilação e adaptação, que são formas diferentes de apontar para a mesma direção.

Thoreau é claro: *podemos nascer duas vezes*. Em nosso primeiro nascimento somos, com sorte, apenas e simplesmente acolhidos; trata-se do abraço e do acalanto, trata-se de coisas que vamos adquirir sem maiores esforços e decisões, em que somos passividade e ouvido e, por isso, a língua materna é uma aquisição que mais *acontece* do que é *feita*. Para que a língua que aprendemos torne-se, sendo a mesma, *outra*, é necessário um segundo nascimento, que exige exercício, esforço, treino, disciplina. A língua materna é adquirida sem deliberação junto àqueles que nos cercam. O aprendizado da leitura e da escrita será, por isso, um segundo nascimento, que nos permitirá usufruir o legado que transcende as paredes que nos cercam.[7]

A partir dessa dupla dimensão da linguagem, como aquisição e legado, podemos pensar o currículo escolar como um espaço de iniciação para nosso segundo nascimento e não precisamos jogar fora nossas compreensões sobre a dimensão política que está nele contida.

NOTAS

1. Uma lista das *commodities* curriculares deve abranger todo tipo de realização científica, artística, religiosa, esportiva, histórica, e ainda o mundo dos valores morais e de convivência social e política; o mundo das habilidades e das competências, enfim, tudo aquilo que uma geração conta como valioso para a humanidade.
2. O velho sábio que conta histórias para as crianças, exatamente por ser sábio, omite muita coisas naquilo que conta para elas.
3. A expressão é utilizada por Bernstein em "On the Classification and Framing of Educational Knowledge", em Michael Young, *Knowledge and Control. New Directions for the Sociology of Education*, London, Collier-Macmillan, 1971, p. 46.
4. Stanley Cavell, *The Claim of Reason: Wittgenstein, Skepticism, Morality and Tragedy*, Oxford, Oxford University Press, 1982.
5. Idem, ibidem, p. 189: "[...] a linguagem é um campo ilimitado de possibilidades e ela não pode ditar o que se diz agora, não pode assegurar o sentido do que se diz, sua profundidade, sua utilidade, sua precisão, sua agudeza, do mesmo modo que não pode garantir sua verdade sobre o mundo".
6. Henry Thoreau, *Walden*, trad. Denise Bottmann, Porto Alegre, L&PM Pocket, 2011, p. 104.
7. Diante dessa passagem Cavell (op. cit., p. 189) escreve: "[...] a linguagem não é apenas uma aquisição, mas sim um legado; e equivale a dizer que somos tacanhos em nossas pretensões a essa herança. A poesia poderia ser pensada como a segunda herança da língua. Ou, se aprender uma primeira língua se entende como a aquisição da mesma por parte da criança, então a poesia pode ser entendida como a aquisição da língua por parte do adulto, como se ele ou ela entrasse na posse da própria língua, da cidadania plena. (Thoreau distingue, segundo essas linhas, entre o que ele chama língua materna e língua paterna.)".

O CURRÍCULO COMO MENSAGEM

Ver o currículo como uma prática de iniciação é algo frágil e polêmico, mas serve para um efeito de estranhamento, pois o currículo é visto como uma mera lista de disciplinas ou bem como um território político a ser colonizado. Algo faísca nessas colinas, mas não é ouro. Retomo aqui, então, uma abordagem que foi subtraída de nossa cultura pedagógica. Trata-se da percepção do currículo como o resultado de um conjunto de decisões geracionais que visa à preservação daquilo que consideramos mais relevante no legado das realizações espirituais de que dispomos. Um ingrediente importante para essa percepção consiste em pensar o currículo como um sistema de mensagem. Essa ideia foi proposta, em parte, por Basil Bernstein em um de seus escritos seminais, "Discurso vertical e discurso horizontal: um ensaio".[1] A distinção entre linguagem oral e escrita é usada por Bernstein como um ponto de partida para pensar o lugar especial do currículo e das disciplinas escolares no processo de socialização. Ele propõe a distinção entre dois tipos de discursos, *horizontal* e *vertical*. A esses dois tipos de discursos correspondem diferentes formas de conhecimento.

Discurso horizontal e discurso vertical

Podemos ligar o *conhecimento* ou *discurso horizontal* ao que chamei atrás de nosso primeiro nascimento, na língua materna. Essa correspondência é vaga e um pouco descabida, serve apenas como uma intuição para explorar o texto de Bernstein. O correto seria dizer que a expressão "discurso horizontal" indica o âmbito dos conhecimentos cotidianos comuns; comuns, porque todos temos acesso a eles, de forma real ou potencial, a partir do ambiente imediato em que vivemos; são comuns porque se aplicam indiferentemente a todos nós e porque são, enfim, os conhecimentos que dizem respeito aos problemas partilhados da vida e da morte. Assim, o discurso horizontal indica um âmbito de conhecimento que privilegia a oralidade e o contato pessoal e sua realização é fortemente dependente de contexto: "Um *discurso horizontal* implica um conjunto de estratégias que são locais, organizadas em segmentos, específicas e dependentes de contextos, para a maximização dos encontros com pessoas e ambientes."[2]

Destaco na passagem anterior o fato de que esse tipo de conhecimento é organizado em segmentos, ou seja, em lugares de realização sociocultural que comportam entre si um certo insulamento. Assim, o âmbito do conhecimento comum não é um todo uniforme, ele é também segmentado e especializado. Essa característica da segmentação tem uma importância muito grande. Devemos entender por segmento os espaços e lugares *discretos* das aprendizagens que fazemos no cotidiano e que não se integram necessariamente umas com as outras: aprender a dar troco, por exemplo, é uma competência particular, fruto de uma Pedagogia segmental que se esgota no contexto de sua realização; essa Pedagogia segmental é fortemente dependente de ensino mediante amostragem, modelagem, exibição, ou seja, das relações individuais face a face. Os aprendizados do discurso horizontal são "contextualmente específicos e dependentes de *contexto*, incorporados em práticas em andamento, geralmente com forte carga afetiva, e dirigidos para objetivos específicos e imediatos, altamente relevantes para o adquirente, no contexto de sua vida".[3]

Aprender a amarrar sapatos e usar o banheiro corretamente, fazer reparos em motores, dirigir uma colheitadeira ou ser competente em anotar recados, são competências operacionais relativamente insuladas, que se relacionam apenas de forma segmental, horizontal. Elas pertencem, simultaneamente, ao *repertório* de um indivíduo e ao *reservatório* de uma comunidade. O conhecimento horizontal é constituído por um conjunto de segmentos culturalmente mais ou menos especializados, realizados quase sempre de forma implícita, tácita, operacional.[4] O contrário ocorre com o discurso vertical, em que encontramos estruturas simbólicas especializadas de conhecimento explícito, de tipo proposicional. Se o conhecimento horizontal é o *mostrado*, o conhecimento vertical é o *dito*, por assim dizer. A base social do discurso horizontal é local, comunitária e segmentada, ao passo que a base social do discurso vertical é fortemente individualizada e hierarquizada.

O conhecimento como um bem

Vamos pensar agora a distinção entre o discurso horizontal e o discurso vertical a partir da noção do conhecimento como um bem que deve circular. Os discursos horizontal e vertical estão sujeitos a regras distributivas de acesso, transmissão e avaliação desse bem.[5] No caso do discurso vertical, as regras são fortes, pois ele somente se realiza mediante procedimentos de explicitação dos conhecimentos, que depois de adquiridos podem ser aplicados em novos contextos pelo seu possuidor. O conhecimento horizontal, por sua vez, pelo fato de permanecer no nível tácito, operacional, e de ser realizado mediante procedimentos de modelação e exemplos, depende dos graus de aproximação e isolamento dos membros de uma comunidade. O repertório de cada membro sofre maior ou menor influência do reservatório da comunidade ao sabor da dinâmica dos intercâmbios sociais, do face a face cotidiano. O mesmo não ocorre no discurso vertical, já que ele é praticado em instâncias institucionalizadas oficialmente.

Em síntese, um *discurso vertical* toma a forma de uma estrutura coerente, explícita e sistematicamente baseada em princípios, organizada de maneira hierárquica como nas ciências, *ou* ela assume a forma de uma série de linguagens especializadas com modos especializados de interrogação e critérios especializados para a produção e circulação de textos, como nas ciências sociais e nas humanidades.[6]

Duas formas de discurso vertical

Podemos agora abordar uma subdivisão relevante no âmbito do discurso vertical. Bernstein distingue ali duas modalidades de conhecimento: Estruturas de Conhecimento Hierárquico e Estruturas de Conhecimento Horizontal. Elas são as duas formas básicas do discurso vertical. A primeira tem como exemplo disciplinas como Física e Química, que possuem estruturas baseadas em princípios e possuem fortes hierarquias conceituais. A segunda modalidade tem como exemplo as ciências humanas, cujas estruturas são fortemente dependentes de regimentação linguística idiossincrática, como vemos, por exemplo, na Sociologia, em que o cientista frequentemente se descreve como "weberiano" ou "funcionalista", ou seja, como alguém comprometido, em primeiro lugar, com um vocabulário relativamente especializado e insulado a partir de um olhar:

> [...] uma delas é uma estrutura sistematicamente baseada em princípios, coerente, explícita, organizada hierarquicamente; a segunda tem a forma de uma série de linguagens especializadas, com modos especializados de investigação e critérios especializados para a produção e circulação de textos, como é o caso, por exemplo, das Ciências Naturais e das Ciências Humanas e Sociais.[7]

O uso dessas expressões, Estruturas Verticais e Horizontais de Conhecimento, pode nos dar a impressão de que estamos diante da taxonomia clássica que separa as ciências naturais das sociais e humanas, mas não é disso que se trata. Veja o quadro a seguir:

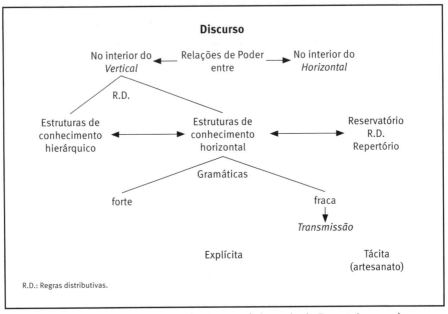

Discursos e estruturas de conhecimento (adaptado de Bernstein, 2000).

A escolha das características distintivas dos dois grupos mostra por que não é assim.[8] Em um grupo estão as disciplinas produzidas mediante metodologias de integração teórica, que elaboram proposições e teorias muito gerais, desde os níveis mais baixos e ligados à experiência com fenômenos aparentemente diferentes. Creio que, novamente, a Física e a Química são bons exemplos. Acrescento aqui: são disciplinas cuja base social é pouco relevante. O código que as preside é de tipo integrador. As Estruturas de Conhecimento Horizontal, por sua vez, "são baseadas em códigos de justaposição ou de série; e assim temos a integração da linguagem em um caso (Estruturas Verticais) e a acumulação de linguagens no outro".[9]

Procurarei mostrar isso mediante exemplos ligados ao modo de desenvolvimento desses conhecimentos. O que conta como "desenvolvimento", no campo da Sociologia? A iniciação de um estudante em Sociologia implica que em algum momento ele deverá assumir um "olhar", seja ele funcionalista, estruturalista, pós-moderno, marxista etc. Mais ainda, ele poderá situar-se em favor do idioleto de algum falante particularmente importante na área. A maioria desses idioletos leva o nome de um falante relevante, que induz a um vocabulário especializado e excludente. O capital intelectual do iniciado fica vinculado à linguagem que partilha, que deve marcar seus limites e sua posição em relação a outros capitais linguísticos, de outros falantes relevantes. O que conta como desenvolvimento nas ciências humanas e sociais é usualmente a introdução de uma nova linguagem e com ela novas questões e problemas, novas conexões.

Estruturas de conhecimento e renascimento

Estou expondo essas distinções porque ao discorrer sobre currículo e escola, falamos sobre as formas de aquisição dessas Estruturas de Conhecimentos Verticais e Horizontais, que são, por analogia, formas de renascimento, já que elas implicam necessariamente nosso ingresso em formas de letramentos complexos, dependentes da escrita e de novos ambientes de socialização.

Ficou implícito, no que disse anteriormente, que os exemplos típicos de Estruturas do Conhecimento Horizontal são disciplinas como Sociologia, Antropologia, Economia, Linguística, Psicologia. Mas, paradoxalmente, também a Matemática e a Lógica.

A Matemática também é considerada uma Estrutura de Conhecimento Horizontal, uma vez que consiste em um conjunto de linguagens discretas para problemas específicos. Assim, a Matemática e a Lógica são consideradas possuidoras das gramáticas mais fortes, embora essas linguagens, em sua maioria, não tenham referentes empíricos nem sejam concebidas para satisfazer critérios empíricos. Exemplos de gramáticas fracas são a Sociologia, a Antropologia Social e os Estudos Culturais.

Como compreender melhor essa distinção entre gramáticas fortes e fracas no âmbito de Estruturas de Conhecimento Horizontal? O critério parece ser este: uma disciplina de gramática forte possui uma sintaxe conceitual explícita, mediante a qual ela se torna capaz de oferecer descrições empíricas que são "*relativamente* precisas e/ou de geração de modelagem formal de relações empíricas".[10] É sob esse ponto de vista que a Economia, a Linguística e algumas partes da Psicologia são exemplos de gramática forte. A Matemática e a Lógica são exemplos de gramáticas ainda mais fortes, mas desprovidas de referência empírica. Elas são Estruturas Horizontais de Conhecimento porque não visam elaborar teorias, generalizações, refutações ou hipóteses de fundo empírico; tanto a Matemática quanto a Lógica, como insiste Bernstein, são conjuntos de linguagens discretas que aplicamos para o tratamento de questões específicas.

O "populismo pedagógico": muito etno e pouca grafia

Alguns problemas didáticos e curriculares muito peculiares surgem com as Estruturas de Conhecimento Horizontal com gramáticas fracas. A partir desse momento oferecerei exemplos inspirados em Bernstein:

- não é raro ver-se uma disciplina dessa área ser apresentada em um vocabulário singular, fortemente autoral e avesso à incorporação em vocabulários mais gerais, ficando perfeitamente identificável a segmentação e a disputa por hegemonia linguística; nas Estruturas de Conhecimento Hierárquico, ao contrário, quando há competição é pela integração de princípios;
- os conhecimentos nas disciplinas da área são produzidos e apresentados em justaposição e acumulação de vocabulários e linguagens, e não por integração;
- o que conta como uma "verdade" nas estruturas de conhecimento horizontal é o "olhar" ali adquirido, a partir da linguagem especializada por ela criada, em vez de uma teoria exemplar;

- os conhecimentos, nessas estruturas, são seriais, segmentados. Como se ouve, por vezes, sobre a pesquisa nas humanidades, seja em Sociologia, Filosofia, Letras: quem "faz" um autor é separado por uma parede decisiva daqueles que "fazem" outros. Há certa volatilidade na identidade do profissional, que pode parar de "fazer" Fulano e começar a "fazer" Beltrano;
- as linguagens, dentro das Estruturas de Conhecimento Horizontal, são de tipo retrospectivo e com baixa capacidade de descrição empírica; elas apontam para o passado e oferecem dele descrições mais ou menos genéricas, pois estão vinculadas às experiências de seus elaboradores no discurso horizontal. Estes, por sua vez, pensam e elaboram a partir da sensibilidade que os formou.

As teorias educacionais, invariavelmente, oferecem formas de compreensão das relações entre os discursos horizontais e os discursos verticais. Bernstein sugere que essas duas formas fundamentais de discurso frequentemente são consideradas opostas e não complementares.

> Na verdade, uma forma é muitas vezes vista como destruidora da outra. Por vezes, uma forma é considerada como sendo essencialmente uma forma escrita e a outra é, essencialmente, uma forma oral. Bourdieu refere-se a estas formas em termos da função a que elas dão origem, uma delas criando um domínio simbólico, a outra um domínio prático. Habermas vê uma forma como a elaboradora do que ele chama de "mundo da vida" do indivíduo e a outra como a fonte da racionalidade instrumental. Giddens, na pista de Habermas, vê uma forma discursiva como a base para construir o que ele chama de "sistemas especialistas". Estes "sistemas especialistas" conduzem a um desencaixe das pessoas do mundo experiencial local, que é elaborado por uma forma diferente.[11]

Essa tensão ou oposição entre os dois campos por vezes é verbalizada na Pedagogia como um contraste entre o conhecimento escolar, oficial, e o conhecimento cotidiano, local ou *popular*. Esse contraste costuma assumir um tom valorativo, pois ao conhecimento horizontal correspondem valores com sinal positivo, como espontaneidade e intimidade, e ao conhecimento vertical correspondem valores de sinal negativo, como distanciamento e artificialidade. Bernstein indica uma das formulações dessa oposição:

Uma das formas torna-se o meio pelo qual se diz que um grupo dominante impõe-se a um grupo dominado e trabalha para silenciar e excluir a voz deste grupo. A voz excluída é então transformada em uma voz pedagógica latente, de potencial não reconhecido.[12]

O procedimento indicado anteriormente é bem conhecido entre nós: uma das formas (o discurso horizontal) é romantizada como celebradora daquilo que a outra (o discurso vertical) perdeu. A atitude pedagógica consiste no recorte de segmentos do discurso horizontal para inseri-los nas disciplinas escolares, devidamente recontextualizados. Essa estratégia didática de recontextualização de segmentos da cultura vertical usualmente visa aos grupos sociais que são avaliados como necessitados de facilitação de acesso às disciplinas escolares (o discurso vertical), que acabam, assim, encolhidas aos seus níveis processuais e operacionais mais básicos. Esse ideal é elevado, mas o que ocorre é a promoção do populismo pedagógico:

> O *discurso horizontal* pode ser visto como um recurso crucial para o populismo pedagógico, em nome do empoderamento ou para dar voz aos que não a têm, para combater o elitismo e o alegado autoritarismo do *discurso vertical*. Aqui é disponibilizado aos alunos um contexto oficial no qual eles falam o que eles pensam: *spon-tex* (o slogan do "texto espontâneo"). Este movimento, no nível da escola, tem um paralelo nas narrativas confessionais de uma variante nos estudos feministas e negros no ensino superior. A "nova" etnografia celebra o *discurso horizontal* através do uso extensivo de citações, que servem como evidências empíricas. O "etno" é a voz não elaborada do informante; o que fica faltando é a "grafia".[13]

Parodiando *Macunaíma*, muito etno e pouca grafia, os males de certo ensino são. Tendo presente essas observações sobre as Estruturas de Conhecimento Horizontal com gramáticas fracas, é possível olhar de outra forma para alguns dos recursos pedagógicos mais populares, como as sensibilizações por meio de elementos da cultura popular. O êxito modesto dessa estratégia está ligado a duas razões; a primeira delas é que, uma vez horizontalizado o tema, poucas vezes ocorre a verticalização, pois ela depende de uma forte cultura didática, à qual demos às costas; por outro lado, a presença do cotidiano na aula precisa respeitar as distâncias de fuga do estudante. Abordarei esse tema na terceira parte do livro, intitulada "Reunindo lembranças".

Esse vocabulário de Bernstein tem o mérito de oferecer não apenas uma tipologia de formas de conhecimento, mas também o de pensar conjuntamente a questão da base social ampla e restrita das diferenças entre as disciplinas. A base social ampla da diferença entre as disciplinas escolares nos remete para as formas de nosso ingresso no mundo da cultura escrita como oportunidade de segundo nascimento; restrita, porque somos obrigados a criar um vocabulário mais preciso para entender cada uma das disciplinas escolares, o que deveria trazer, como diz Bernstein, "novas possibilidades de investigação e interpretações".[14] Essa tarefa é difícil, pois os estudos de epistemologia e currículo foram vítimas da inclemência do nosso tempo pedagógico mais recente.

NOTAS

[1] Trata-se do capítulo 9 do livro de Basil Bernstein, *Pedagogy, Symbolic Control and Identity. Theory, Research, Critique*, edição revista, London, Rowman and Littlefield, 2000. A exposição que farei aqui será de reconstrução e resumo do texto, com paráfrases e exemplos que favoreçam a compreensão. Eu disse que a ideia do currículo como mensagem foi proposta "em parte" por Bernstein porque explorarei algumas ambiguidades de seu livro e isso pode soar pouco ortodoxo para um bom conhecedor de sua obra.

[2] Bernstein, op. cit., p. 157.

[3] Idem, ibidem, p. 158.

[4] Aqui seria o caso de explorar uma certa convergência de vertentes epistemológicas pouco valorizadas no *mainstream* filosófico, aquelas que se ocupam com a reflexão sobre as dimensões tácita e operacional do conhecimento, como a que encontramos nos livros de Michael Polany ou ainda em Jean Piaget.

[5] A comparação é compatível com o texto de Bernstein (op. cit., p. 158): "Quero antes de tudo levantar a questão de como o conhecimento circula nestes dois discursos. No caso do *discurso vertical* há fortes regras distributivas que regulam o acesso, a transmissão e a avaliação. A circulação é feita geralmente através de formas explícitas de recontextualização, que afetam a distribuição em termos de tempo, espaço e atores."

[6] Bernstein, op. cit., p. 160.

[7] Idem, ibidem, p. 166.

[8] Bernstein usa, para as ciências naturais, expressões como *princípios, coerência, explicitação* e *hierarquia*; nas ciências humanas e sociais ele aplica as expressões: *linguagens especializadas, modos especializados de investigação, critérios especializados para a produção de textos*.

[9] Bernstein, op. cit., p. 170.

[10] Idem, ibidem, p. 163.

[11] Idem, ibidem, p. 160.

[12] Idem.

[13] Idem, ibidem, p. 174

[14] Idem, p. 155.

FORMAS DO CONHECIMENTO

Raciocínio crítico e inspiração vazia

Conversar sobre currículo sem falar em epistemologia é como pacto sem espada, vira conversa fiada. Se é verdade que o currículo implica poder e política, pois ele está ligado às formas de distribuição e transmissão de conhecimento, é igualmente verdadeiro que estamos falando exatamente sobre *conhecimento*. Quais epistemologias devem ser lembradas em uma conversa sobre currículo? Existe um lugar-comum que diz que desde Platão, com a alegoria da caverna, há um comprometimento da epistemologia com as razões para a ação humana. Isso não quer dizer, no entanto, que a epistemologia tenha sido sempre ligada ao tema das relações entre conhecimento e decisões. Ao longo de sua história, ela se notabilizou pela discussão de temas como o ceticismo, a natureza e os tipos de conhecimento e, centralmente, as questões de justificação,[1] mas há mais do que isso na epistemologia, especialmente se queremos falar sobre currículo.

Na história mais recente das relações entre epistemologia e currículo, uma referência importante são os trabalhos de Paul Hirst sobre as formas de conhecimento.[2] O tema foi retomado por ele no livro escrito em conjunto com Richard Peters, *The Logic of Education* (*A lógica da educação*), publicado originalmente em 1970, um marco nas discussões sobre epistemologia e currículo.

As estratégias e premissas de Hirst foram intuitivas e poderosas. Em primeiro lugar ele partiu de algo inescapável de um ponto de vista epistemológico: o reconhecimento das variedades da cognição humana, essencial para que a nossa compreensão do processo educacional não se fixe exclusivamente em uma forma de conhecimento em detrimento de outras. Com isso, ele tem o ponto de partida para a caracterização dos "diferentes métodos de experiência", ponto central de seu livro. Não vou expor o rico conjunto de argumentos sobre filosofia, educação e desenvolvimento abordados nos capítulos iniciais de *A lógica da educação*. Um dos aspectos mais relevantes do livro é a forma como ele se posiciona no debate da época sobre as posições ditas autoritárias e progressistas em educação. Elas, em comum, aceitam que o educador é alguém comprometido em "iniciar outros numa forma de vida que consideram conveniente e na qual o conhecimento e a compreensão desempenham um papel importante",[3] mas isso ainda diz pouco, mesmo que, de forma progressista, seja acrescentada a valorização do papel ativo da criança e o respeito por sua dinâmica de aprendizagem e desenvolvimento. Os progressistas salientam os ideais de autonomia e raciocínio crítico diante da ênfase autoritária na educação como "conformidade estática a um código".[4] O progressista enfatiza as qualidades do espírito crítico, criatividade e autonomia, mas, mais uma vez essas palavras não o levam muito longe:

> [...] eles [os progressistas] não tinham compreensão suficiente de que essas virtudes são vazias a menos que as pessoas recebam formas de conhecimento e experiência *com* as quais possam ser críticas, criativas e autônomas. As pessoas têm de ser treinadas a pensar criticamente; não é uma semente adormecida que floresce naturalmente. Ela é em grande parte um produto da companhia em que as pessoas andam e de quem adota o método de experiência que lhes permite manobrar a sua. Deve-se distinguir o ser crítico do ser simplesmente contrassugestionável, da mesma forma que se deve diferenciar entre ser criativo e a simples autoexpressão. Ambos pressupõem o domínio de um método de experiência e treino em técnicas. É inútil ser crítico sem algum conteúdo para se criticar; autonomia, ou obedecer regras a que se aceitou, é um ideal inatingível sem o domínio de um conjunto de regras sobre as quais se pode exercer escolha. Em outras palavras, o protesto romântico pressupõe algum tipo de antecedente clássico.[5]

Com o mesmo critério Hirst e Peters denunciaram os "tradicionalistas" e a pretensa vantagem da ênfase em conteúdos a ser apreendidos sem muita discussão. Eles desprezaram a iniciação das pessoas nos métodos de experiência, nos modos de pensar. Mas tanto os tradicionalistas quanto os progressistas compartilharam uma fraqueza: ambos concederam "pouca atenção às formas públicas de experiência que [...] são absolutamente fundamentais para o desenvolvimento do conhecimento e da compreensão".[6]

Sem o treinamento nessas formas, "os ideais progressistas de autonomia, criatividade e raciocínio crítico são inspirações vazias".[7] É fácil ver a razão: essas capacidades gerais são adverbiais e não podem ser praticadas no vácuo. Nossas capacidades criativas e críticas estão ligadas a formas de experiência e realização. Podemos ser críticos ou criativos apenas quando fazemos coisas como falar, escrever, cozinhar ou pintar. As virtudes da criticidade, autonomia, compaixão, criatividade são qualidades espirituais que se realizam no contexto de atividades específicas, que possuem padrões próprios de realização, "se quisermos distingui-las da simples autoexpressão ou contracredulidade".[8]

A epistemologia adequada para pensar o currículo não deve ser exterior aos problemas que queremos discutir. A atitude metodológica apropriada ao desenho curricular é aquela que se deixa orientar por um ideal de boa circularidade e reflexividade entre o que vamos manter como epistemologia e o que vamos propor como currículo. Não há uma filosofia do conhecimento anterior e pronta a ser simplesmente projetada no desenho curricular, como tampouco podemos conceber o currículo na ausência de uma consciência epistemológica. A dificuldade se desfaz à lembrança de alguns fatos muito gerais. A exigência de um olhar atento à educação, considerada não apenas como conteúdos e metas, com suas questões éticas correspondentes – como "por que colocar ciência e poesia no currículo e não astrologia e cara e coroa"[9] –, decorre do respeito implícito aos valores da autonomia e ao repúdio das atitudes doutrinadoras e condicionantes. O olhar atento à educação faz com que o epistemólogo aplique-se aos aspectos genéticos e psicológicos do conhecimento humano. Hirst e Peters incluíram em *A lógica da educação*, de forma pioneira para um livro com esse título, um capítulo sobre desenvolvimento que era, na verdade, uma exploração em epistemologia genética, pois se tratava de trazer para o debate epistêmico-curricular as vozes de Lawrence Kohlberg, Jean Piaget, Arnold Gesell e outros. Encontramos ali observações preciosas sobre o desenvolvimento humano, no estilo que depois estará presente nas discussões sobre interacionismo simbólico, externalismo semântico e triangulação.

Os métodos públicos de conhecimento e experiência

Quero indicar brevemente o que Hirst e Peters consideram como "métodos públicos de conhecimento e experiência". A caracterização dos métodos é o resultado de um conjunto de observações de fundo antropológico muito geral, cujo ponto de partida é a lembrança de que nossas experiências e conhecimentos dependem da aquisição de conceitos. Junto a essa aquisição há o compartilhamento, vale dizer, a existência pública de conceitos e a conexão deles com procedimentos objetivos de testagem.[10] Para que possamos nos comunicar sobre o mundo, mas também sobre obras de arte, atitudes morais ou os deuses, precisamos "de uma coleção de conceitos públicos, juntamente com os testes objetivos que lhe estão relacionados",[11] pois somente assim podemos ter experiências e conhecimentos comuns e objetivos.

A indicação das principais formas de conhecimento é tentativa e aproximada, como reconhecem seus autores, que sugeriram a distinção entre sete áreas, "cada uma das quais implica, necessariamente, o uso de conceitos de determinada espécie e um tipo característico de teste para suas afirmações objetivas".[12]

Os conceitos constitutivos da experiência humana já sempre implicam certa arquitetura, já sempre comportam uma organização categorial, sem prejuízo de todo tipo de usos e correlações partilhadas a partir de outros critérios que não apenas aqueles de natureza lógica. Cada uma das áreas pode ser reconhecida e identificada, pois elas são delimitadas por certos conceitos mais fundamentais, de um tipo mais geral. São elas: em primeiro lugar, os conhecimentos da lógica formal e da Matemática, que em outro lugar caracterizei como a dimensão sintática do conhecimento humano.[13] Os conceitos dessa área "selecionam relações de um tipo geral abstrato, onde a qualidade dedutiva dentro de um sistema axiomático é o teste específico para a verdade".[14] A seguir, temos os conhecimentos e as ciências de tipo observacional, interessados pelas verdades que suportam algum controle de fundo empírico. Se a primeira forma de conhecimento pode ser entendida como de tipo sintático, essa segunda forma aponta para os conhecimentos que dependem de algum tipo de referência no mundo, a partir dos fenômenos físicos (e seus conceitos categoriais como espaço, tempo, causa e a imensa classe de conceitos que pressupõem aqueles de natureza categorial). Em terceiro lugar, temos as formas de conhecimento que estão voltadas para a consciência e compreensão que temos da nossa mente e dos outros. Nossas experiências e conhecimentos interpessoais não se confundem com os conhecimentos anteriormente indicados, pois dizem respeito ao modo como usamos conceitos como *crer, decidir, pretender, carecer, agir, esperar, apreciar*, que são essenciais para a experiência e o conhecimento interpessoais. Em quarto lugar, temos o âmbito da vida moral, uma área de compreensão e experiência distinta das anteriores. Nossos julgamentos e consciência moral dizem respeito a outra família de conceitos, como *dever, certo, errado*, que são de outro tipo categorial. Por razões categoriais, Hirst mantém separadas a ética e a estética. Assim, em quinto lugar, temos as nossas experiências e vivências estéticas, distintas da vida moral e das demais experiências, em especial pelo fato que são formas de expressão simbólica que não estão limitadas ao meio linguístico-proposicional. Cabe um lugar à parte para as asserções religiosas, pois elas parecem indicar modos peculiares e irredutíveis de usos de conceitos. Por fim e não por acaso, Hirst e Peters sugerem que a compreensão filosófica, pela sua natureza de atividade de segunda ordem, implica conceitos e formas de argumentação igualmente distintos dos demais.

As distinções entre os métodos de experiência e conhecimento que eles sugerem, repito, têm sua inspiração na reflexão sobre as estruturas categoriais que aparentemente possuímos de forma irredutível. A independência de cada um dos métodos em relação aos demais, ou, em outros termos, a distinção categorial entre as áreas de conhecimento é, no entanto, apenas um dos aspectos da questão.[15] O outro aspecto é o reconhecimento de que o conhecimento e a experiência em um domínio podem ser fortemente dependentes dos elementos de outro. Ou seja, os conhecimentos e compreensões em um dado domínio usualmente dependem, necessária, mas não suficientemente, da rede categorial de outro domínio, como ocorre, por exemplo, entre a Física e a Matemática. Assim, podemos pensar em padrões de correlação entre os domínios:

> [...] por mais independente que possa ser o domínio da ciência, nossa compreensão do mundo físico depende rigidamente do nosso conhecimento matemático. Também é lugar-comum que as descobertas científicas nos envolvem em novos dilemas morais. Da mesma forma, algumas teses religiosas pressupõem verdades históricas, ao passo que outras exigem compreensão moral.[16]

Fica evidente que os esforços educacionais de elaboração de currículos de tipo integrado ou interdisciplinar somente fazem sentido na medida em que assumimos que existem diferenças relevantes entre domínios de conhecimento e experiência e que existem formas de correlação, redes conceituais de relações entre os domínios. Não há teoria curricular interdisciplinar sem uma epistemologia das variedades do conhecimento. Isso nos leva de volta a um truísmo. Não importa a forma como as intenções e as práticas educacionais se apresentam, progressistas ou tradicionais, elas se veem às voltas com a tarefa de explicitar seus objetivos, pois, ao fim e ao cabo, o estudante precisa ter o domínio de "certas formas fundamentais de métodos públicos de experiência, compreensão e conhecimento".[17] Nesse momento precisamos todos falar sobre currículo.[18]

Para encerrar este capítulo lembrarei aqui apenas algumas consequências dessas ideias para a natureza das disciplinas escolares. A primeira delas é que as tarefas sociais da memória, do testemunho e da transmissão da experiência relevante acumulada implicam, pelo tamanho, complexidade e variedade, "subdivisões no empreendimento em inúmeras tarefas de proporções controláveis. Por tradição, isso tem sido feito organizando-se o currículo nas chamadas matérias escolares".[19]

Nesse ponto, há uma conclusão simples e relevante: é inevitável que existam recortes categoriais no universo da experiência e do conhecimento humanos. Mesmo que tenhamos a maior simpatia por uma possível "unidade do conhecimento humano", o conhecimento é visto nessa perspectiva como possível de ser desmembrado em suas nervuras categoriais. Com isso em vista, o valor e a identidade das unidades curriculares, quando se materializam em uma escola – quer sejam disciplinas, tópicos, projetos etc. –, são de natureza pedagógica, e por isso mesmo instrumental. A elaboração de um currículo pode ser comparada com a montagem de um quebra-cabeças: há muitas estratégias possíveis para a realização da tarefa. O reconhecimento desse fato muito geral, que a nossa experiência e conhecimento apresentam-se em um certo número de formas diferentes entre si, não nos obriga a organizar o currículo respeitando em cada atividade os limites dessas formas. Talvez esteja aqui a origem de um perigoso ideal de independência das disciplinas; orientados pela diferença categorial, deixamos os padrões de correlação entre elas em segundo plano e confundimos, grosseiramente, para finalidades pedagógicas, as disciplinas com as formas categoriais eventualmente correspondentes. A consciência disso nos permite passar para outro nível a conversa sobre integração e interdisciplinaridade.

Vou interromper aqui essa exposição escolar sobre as elaborações epistemológicas de Hirst e Peters nos anos 1970. Meu objetivo com este capítulo foi preparar o terreno para o contraste com as elaborações que se tornaram relevantes entre nós no mesmo período e que impuseram na Pedagogia brasileira uma matriz conceitual ligada a uma epistemologia muito peculiar. Refiro-me ao impacto da *Pedagogia do oprimido*, de Paulo Freire, um livro que até hoje é usado nas salas de aula dos cursos de formação de professores.[20]

NOTAS

[1] Sigo aqui a observação de Andrew Davis e Kevin Williams em "Epistemology and Curriculum", em Nigel Blake e Paul Smeyers (eds.), *The Blackwell Guide to the Philosophy of Education*, London, Blackwell, 2007. O trabalho deles, no entanto, deixa a desejar, se for medido pela crítica que fazem ao conceito de formas de conhecimento. A impressão que se tem é de que não se deram ao trabalho de ler atentamente o que criticaram, pois afirmam que as "formas do conhecimento" não forneceram "um padrão para unidades curriculares". Um leitor benevolente saberia que esse nunca foi o objetivo de Hirst.

[2] O trabalho mais famoso de Hirst, "Liberal Education and the Nature of Knowledge", foi publicado em 1965. Por coincidência esse também é o ano de publicação de um dos primeiros livros que trazem no título as palavras "epistemologia" e "educação". Trata-se do livro de Israel Scheffler, *Conditions of Knowledge: an Introduction to Epistemology and Education*. O livro de Hirst e Peters foi publicado no Brasil em 1972 com pouca repercussão e o mesmo vale para a recepção de Israel Scheffler, *A linguagem da educação* (traduzido para o português pelo professor Balthazar Barbosa Filho e publicado pela Edusp e Edições Saraiva em 1974).

[3] P. H. Hirst e R. S. Peters, *A lógica da educação*, trad. Edmond Jorge, Rio de Janeiro, Zahar, 1972, p. 33.

[4] Idem, ibidem, p. 47.

[5] Idem, ibidem, p. 48.

[6] Idem, ibidem.

[7] Idem, ibidem, p. 49.

[8] Idem, ibidem, p. 76. Eles foram recebidos no Brasil como "racionalistas" e "analíticos", na descrição de Tomaz Silva no livro *Documentos de identidade: uma introdução às teorias do currículo* (Belo Horizonte, Autêntica, 2005, p. 66). A perspectiva de Peters e Hirst foi recebida entre nós como superada pelas novas abordagens da educação a partir da teoria da ação social. "A perspectiva deles centrava-se num conhecimento universalista, conceptual e abstrato", e "diferentemente de uma filosofia do currículo centrada em questões puramente epistemológicas, a questão, para a NSE, não consiste em saber qual conhecimento é verdadeiro ou falso, mas em saber o que *conta* com conhecimento", acrescenta Silva (ibidem). Mais um tom de cinza da nossa tragédia curricular fica pintado aqui, por conta da pouca consciência metateórica, pois a sociologia do conhecimento que foi usada como metodologia de investigação na Inglaterra dos anos 1970 foi tropicalizada como verdade última e pilar pedagógico e não como aquilo que era: um instrumento de investigação e não um fundamento *imediato* para as políticas públicas.

[9] P. H. Hirst e R. S. Peters, op. cit., p. 59.

[10] Nesse ponto, Hirst invoca o parágrafo 242 das *Investigações filosóficas* de Wittgenstein: "Para uma compreensão por meio da linguagem, é preciso não apenas um acordo sobre as definições, mas (por estranho que pareça) um acordo sobre os juízos." (Ludwig Wittgenstein, *Investigações filosóficas*, trad. José Carlos Bruni, São Paulo, Victor Civita, 1975.) Hirst faz essa citação na página 64 de *Knowledge and the Curriculum*, no capítulo "Realms of Meaning and Forms of Knowledge." As elaborações dele podem ser vistas como um caso pioneiro de realizações em filosofia da educação a partir de Wittgenstein.

[11] P. H. Hirst e R. S. Peters, op. cit., p. 85. "[...] não pode haver experiência ou conhecimento sem a aquisição dos conceitos pertinentes. Ademais, somente quando a experiência e o conhecimento, que incluem necessariamente algum tipo de conceitos, implicam os conceitos compartilhados num mundo público, é que são possíveis as realizações nas quais estamos interessados. Sem conceitos partilhados não pode haver quaisquer distinções assim como as existentes entre fato e fantasia, verdade e erro. Somente quando existe concordância pública sobre classificação e categorização da experiência e pensamento é que podemos esperar qualquer objetividade dentro delas. Mas os conceitos simplesmente partilhados são insuficientes para o que queremos dizer por objetividade. Ligados a esses conceitos deve haver testes objetivos para o que se afirma ser experimentado, conhecido ou compreendido. [...] E se é assim, então a estrutura básica dos objetivos que procuramos deve estar dentro daquela coleção de conceitos e testes relacionados até agora desenvolvidos no homem" (pp. 84-5).

[12] Idem, ibidem, p. 86. Em "Liberal Education and the Nature of Knowledge" (pp. 44-5).

[13] No meu livro, *Ensino de Filosofia e currículo*.

[14] P. H. Hirst e R. S. Peters, op. cit., p. 86.

[15] Cabe acrescentar aqui que essa lista de sete domínios não é proposta pelos autores como exaustiva: "O fato de que outros domínios poderiam, no devido tempo, vir a ser distinguidos, não está sendo prejudicado de modo algum, pois a história da consciência humana pareceria ser de diferenciação progressiva. A categorização que está sendo sugerida agora pode, com efeito, ser incorreta nos detalhes. Seja como for, o que estamos sugerindo é que, dentro do domínio da experiência e do conhecimento objetivos, existem diferenças de tipo tão radicais que a experiência e o conhecimento de uma forma não são equacionáveis nem redutíveis a qualquer outra forma." (P. H. Hirst e R. S. Peters, op. cit., p. 88)

[16] P. H. Hirst e R. S. Peters, op. cit., p. 88.

[17] Idem, ibidem, p. 82.

[18] Eles introduzem o tema do currículo escolar da seguinte forma: "Tomaremos o termo 'currículo' como o rótulo de um programa ou curso de atividades que é explicitamente organizado e por meio do qual os alunos podem alcançar os objetivos desejados, sejam eles quais forem. De acordo com o argumento anterior, o planejamento de um currículo, ou de qualquer parte deste, é considerado aqui como um absurdo lógico até que se deixem claros os objetivos visados" (P. H. Hirst e R. S. Peters, op. cit., p. 83). Eles escreveram o livro na época em que os trabalhos de Benjamin Bloom sobre taxonomia dos objetivos educacionais estavam no auge e levaram em conta esses estudos.

[19] P. H. Hirst e R. S. Peters, op. cit., p. 92.

[20] Recentemente foi publicada uma edição comemorativa da *Pedagogia do oprimido,* que tem já 60 edições.

"NINGUÉM EDUCA NINGUÉM"

Uma obra importante, uma leitura anacrônica

A *Pedagogia do oprimido* é uma obra duplamente admirável. De um lado, sua influência na Pedagogia brasileira estende-se até hoje; de outro, trata-se de um livro que sobrevive ao preço de uma leitura anacrônica. Não é preciso falar muito sobre o impacto e a importância do livro. Paulo Freire é, desde 2012, o patrono da educação brasileira e há uma convergência entre biógrafos e estudiosos sobre o lugar de destaque da *Pedagogia do oprimido* em sua extensa obra. O anacronismo na leitura do livro, no entanto, é pouco discutido.

Atribui-se à *Pedagogia* o mérito de ter contribuído mundialmente para "repensar a visão vertical que temos nas salas de aula, de um professor que sabe tudo e do estudante que é uma tábua rasa e nada sabe".[1] O livro fez uma distinção entre a educação libertadora, emancipadora, problematizadora, e o seu contraponto, a educação bancária, opressora. Essa polarização tornou-se um lugar-comum na Pedagogia. Uma leitura mais atenta do livro mostra, no entanto, que a distinção tinha como objetivo, em primeiro lugar, combater o dirigismo revolucionário, como se vê logo no início:

> O caminho [...] para um trabalho de libertação a ser realizado pela liderança revolucionária não é a propaganda libertadora. Não está no mero ato de "depositar" a crença da liberdade nos oprimidos, pensando conquistar sua confiança, mas no dialogar com eles.[2]

Começa nesse ponto a leitura anacrônica, que deixa em segundo plano o contexto de descoberta e justificação dessa polarização entre o "bancário" e o "emancipador". Já na primeira ocorrência do conceito de "depositar" não há dúvida de que Freire se refere aos problemas pedagógicos que surgem na perspectiva das ações de um partido revolucionário. Tratava-se da antiga controvérsia sobre a relação entre a liderança revolucionária e as massas. Freire assume nesse livro uma perspectiva que se vale das teses em voga na época, de Lukács e de Mao. Um partido revolucionário deveria ser capaz de "explicar às massas a ação delas mesmas, não apenas para assegurar a continuidade das experiências revolucionárias do proletariado, mas também para ativar conscientemente o desenvolvimento ulterior de suas experiências".[3]

A atitude bancária, como ele mesmo esclarece, consiste em apenas *explicar às massas*. "Para nós, contudo, a questão não está propriamente em explicar às massas, mas em dialogar com elas sobre a sua ação".[4] A tensão entre o diálogo e a explicação, entre o bancário e o libertador, é o mote do livro e Freire constantemente volta ao tema, dizendo que se trata de um problema pedagógico que deve estar presente aos dirigentes da ação revolucionária:

> É verdade que, sem liderança, sem disciplina, sem ordem, sem decisão, sem objetivos, sem tarefas a cumprir e contas a prestar, não há organização e, sem esta, se dilui a ação revolucionária. Nada disso, contudo, justifica o manejo das massas populares, a sua coisificação.[5]

De forma coerente com essa perspectiva, Paulo Freire faz apenas menções ocasionais à escola, pois "o número de brasileiros que chegam às escolas primárias do país e o dos que nela conseguem permanecer é chocantemente irrisório".[6] Em toda a *Pedagogia do oprimido*, a palavra "escola" surge apenas cinco vezes.[7] Ele refere-se à escola como uma instituição que sofre as influências das "condições objetivas estruturais" e, assim, funciona como "estrutura dominadora". As observações nunca são muito específicas, pois ele escreve sobre "os lares e as escolas primárias, médias e universitárias, que não existem no ar, mas no tempo e no espaço, não podem escapar às influências das condições objetivas estruturais. Funcionam, em grande medida, nas estruturas dominadoras, como agências formadoras de futuros 'invasores'."[8]

Freire reconhece nessa passagem a versão brasileira das teorias althusserianas. O que ele acrescenta na página seguinte é muito curioso:

> Esta influência do lar se alonga na experiência da escola. Nela os educandos cedo descobrem que, como no lar, para conquistar alguma satisfação, têm de adaptar-se aos preceitos verticalmente estabelecidos. E um destes preceitos é não pensar.[9]

Freire cuidadosa ou distraidamente deixa de lado o fato trivial que no lar, *sob pena de tudo*, uma criança, antes de sua idade escolar, *deve* adaptar-se verticalmente aos preceitos estabelecidos pelos pais. Um dos aspectos desses preceitos é exata e trivialmente ser iniciada no mundo e na vida pelas escolhas dos pais, sem que ela tenha que "pensar" sobre isso. Essa comparação esquisita e incorreta entre o lar e a escola mostra o quanto a reflexão freiriana aligeira-se nesses detalhes, pois seu alvo é duplo. Ele expõe, nas passagens que indico, uma teoria reprodutivista inspirada simultaneamente em Louis Althusser e Erich Fromm, e o que ele visa, ao fim, é à formação de quadros a serviço de uma intervenção menos dirigista na mobilização popular. Nesse contexto, a escola não ocupa um lugar relevante, pois é apenas mais uma instituição que enfatiza relações sociais rígidas semelhantes àquelas entre pais e filhos. A comparação é inadequada e faz sentido apenas no contexto de uma teoria da reprodução aplicada à estrutura social, que é o pano de fundo da *Pedagogia*: "[...] na medida em que uma estrutura social se denota como estrutura rígida, de feição dominadora, as instituições formadoras que nela se constituem estarão, necessariamente, marcadas por seu clima [...]."[10]

Os sectários de esquerda e de direita

O fato de a escola praticamente não ser tematizada na *Pedagogia do oprimido* não pode surpreender, pois o tema do livro são as relações de opressão consideradas em um nível de grande abrangência. Ele esclarece no prefácio que está preocupado com a opressão da esquerda *e* da direita. O "sectário de esquerda" apenas inverte os sinais do "sectário de direita". O processo pedagógico visado por Freire é um contraponto às atitudes dirigistas e verticais típicas do "líder revolucionário" que "manipula os educandos". O leitor da *Pedagogia* encontra a abordagem desses temas, não casualmente, no primeiro e no último capítulos do livro, que são menos conhecidos. O capítulo mais famoso e mais citado é sempre o segundo, que trata da concepção bancária da educação e é ele que alimenta as leituras anacrônicas da *Pedagogia*. Não é por acaso que o primeiro e o último capítulo sejam menos lidos e citados, pois suas referências são de difícil contextualização para quem não está inteirado do ambiente político dos anos 1950 e 1960 no Brasil e no mundo.[11] O último capítulo é extremamente datado, em função, por exemplo, das citações de Lenin de *Que fazer?* ("Sem teoria revolucionária não pode haver movimento revolucionário") e das constrangedoras promessas maoistas de uma "reeducação pela revolução". Freire aponta ali para o que chama de "um dos sérios problemas que a revolução tem de enfrentar na etapa em que chega ao poder".[12] Trata-se da exigência da reeducação dos "profissionais de formação universitária ou não", que significa o prolongamento da ação cultural dialógica. O tema da reeducação dos acadêmicos ocupa quatro páginas no final do livro e é mais uma das formulações freirianas que somente faz sentido quando se tem presente o flerte de muitos intelectuais com o maoismo da época. Como já antecipei, o livro era um libelo contra o dirigismo revolucionário que contaminava as fileiras da esquerda e a educação bancária a que o livro se refere pouco tem a ver com os processos de escolarização formal.

Em que consiste a educação bancária? Em todo o livro temos pouco mais do que descrições como "[...] o ato de depositar, ou de narrar, ou de transferir, ou de transmitir 'conhecimentos' e valores aos educandos, meros pacientes [...]".[13]

A educação bancária é aquela que transforma o educando em arquivo das narrações ou depósitos que lhe faz o educador. E assim, com a desculpa da preservação da cultura e do conhecimento, não haveria nem conhecimento nem cultura verdadeiros. Ele explica:

> Não pode haver conhecimento pois os educandos não são chamados a conhecer, mas a memorizar o conteúdo narrado pelo educador. Não realizam nenhum ato cognoscitivo, uma vez que o objeto que deveria ser posto como incidência de seu ato cognoscente é do educador e não mediatizador da reflexão crítica de ambos.[14]

Se deixamos de lado o pertencimento do livro ao espaço de experiências dos anos 1960 e pensamos um pouco sobre a epistemologia ali sugerida, fica mais evidente sua natureza estratégica. Na descrição da arquitetura do conhecimento, a memória não ocupa uma parte relevante; igualmente fica em segundo plano qualquer traço de uma epistemologia do testemunho. Na epistemologia freiriana, os atos cognitivos relevantes parecem começar em algum ponto posterior (ou anterior) ao trabalho da memória e do testemunho do outro. A leitura da *Pedagogia do oprimido* dá a entender que quando alguém nos conta alguma coisa não há um trabalho de conhecimento. É preciso que o educando, desde o primeiro momento, seja autor pleno de sua aprendizagem. O ato de prestar atenção ao que alguém nos diz, o acolhimento e a guarda disso parecem ficar de fora das atividades relevantes no aprendizado.

Uma epistemologia que dispensa o papel da memória e do testemunho faz pouco sentido. A imensa maioria das coisas que sabemos nos foi contada por alguém. Assim, a epistemologia freiriana mais parece ser aquilo que de fato foi, a saber, uma descrição simplificada do conhecimento humano, feita em favor de uma causa de época. A rigor, ele não *chega* a essas conclusões sobre a memória e o testemunho, ele *começa* com elas, para apresentar uma teoria do conhecimento muito peculiar, na qual os atos cognoscentes somente ocorrem no âmbito de uma educação libertadora. Mas não há clareza na caracterização da educação libertadora, pois ela é apresentada pela via negativa:

> A prática problematizadora, pelo contrário, não distingue estes momentos no quefazer do educador-educando. Não é sujeito cognoscente em um, e sujeito *narrador* do conteúdo conhecido em outro. É sempre um sujeito cognoscente, quer quando se prepara, quer quando se encontra dialogicamente com os educandos.[15]

Educação de adultos: um oxímoro?

Uma tradução possível para essa passagem obscura é a seguinte: não há uma distinção essencial entre educador e educando e *ninguém educa ninguém*. A passagem citada refere-se a uma relação entre adultos, e é de bom senso pensar que não cabe a um adulto educar outro. A ideia está expressa no trecho mais conhecido da *Pedagogia*: "ninguém educa ninguém, ninguém educa a si mesmo, os homens se educam entre si mediatizados pelo mundo". Hannah Arendt assinaria embaixo da primeira parte da frase, se com ela Freire quer se referir à relação entre adultos. Afinal, não se pode educar adultos. Mas a comparação entre Freire e Arendt é difícil de ser feita, pois os contextos das afirmações são muito diferentes. Diz Arendt:

> Quem quer que queira educar adultos na realidade pretende agir como guardião e impedi-los de atividade política. Como não se pode educar adultos, a palavra "educação" soa mal em política; o que há é um simulacro de educação, enquanto o objetivo real é a coerção sem o uso da força.[16]

Ela parte da convicção de que esse termo, "educação", diz respeito à relação entre o adulto e a criança, e por isso "a essência da educação é a natalidade, o fato de que seres *nascem* para o mundo".[17] Paulo Freire, na *Pedagogia*, está focado na alfabetização de adultos e usa a expressão "educação" mais livremente, ao ponto de não ter constrangimento com o oxímoro "educação de adultos":

> Na educação de adultos, por exemplo, não interessa a esta visão "bancária" propor aos educandos o desvelamento do mundo, mas, pelo contrário, perguntar-lhes se "Ada deu o dedo ao urubu", para depois dizer-lhes enfaticamente, que não, que "Ada deu o dedo à arara".[18]

O que é esse "desvelamento do mundo"? Ele não implica o uso de conhecimentos desveladores? Como vimos, Freire reconhece que o "conhecimento" é algo que pode ser depositado, narrado ou transferido a alguém. O problema parece estar na forma como isso é feito, na qual os conteúdos prontos são entregues para a simples memorização.

Duas situações surgem aqui. Uma delas diz respeito ao que acontece quando temos que pensar a escola, o currículo e o conhecimento em outros níveis que não o da alfabetização de adultos. Nessa situação tudo muda e a frase "ninguém educa ninguém" perde seu efeito. Mas Paulo Freire não foi exportado como referência pedagógica para os níveis iniciais do ensino? Como ficaria um ambiente pedagógico orientado pela ideia de que ninguém educa ninguém? Outra situação diz respeito à falta de variedades de conhecimentos na descrição feita pela *Pedagogia do oprimido*. Vou me referir rapidamente à primeira situação para me ocupar mais adiante com a segunda.

A teoria dialógica de Mao

O que acontece com o currículo para além do nível da alfabetização? Como assegurar que ninguém nunca vai *narrar* nada para ninguém e que todo o conhecimento será fruto de uma relação simétrica de elaboração?

Paulo Freire ocupou-se no livro com o tema da seleção dos conteúdos programáticos. Em sua descrição o educador bancário é aquele que disserta sobre o programa que organizou. O educador-educando freiriano, no entanto, não doa nem impõe uma informação para os educandos. O que ele faz é a "devolução organizada, sistematizada e acrescentada ao povo daqueles *elementos* que este lhe entregou de forma desestruturada".[19]

A afirmação anterior se refere ao relacionamento dos alfabetizadores com os operários urbanos e os camponeses e a leitura da *Pedagogia do oprimido* deixa isso claro. A ação de *devolver, de modo organizado, sistemático e com acréscimos, os elementos que o aluno nos entregou de forma desestruturada*, faz sentido no contexto de alfabetização visado por ele. Mas esse princípio foi ampliado e generalizado posteriormente, e isso gerou problemas. Paulo Freire teve isso claro quando foi acusado de ter sugerido que as crianças das classes populares não precisavam aprender a língua culta padrão. Ele negou isso veementemente, dizendo que apenas quis ressaltar que a linguagem envolve questões de ideologia e poder e que o padrão culto da língua deveria ser ensinado a todos; o cuidado relevante é que isso deveria acontecer sem provocar nas crianças o sentimento de vergonha pela própria fala. Ao abordar esse tema, já no final de sua vida, ele não esqueceu de acrescentar que o domínio da língua culta era um instrumento essencial no processo de participação política das classes populares. Mas o padrão culto poderia ser ensinado apenas com *organização*, *sistematização* e *acréscimos* ao repertório do aluno? Lembremos aqui de Bernstein. Os acréscimos a serem feitos poderiam ou não ultrapassar o reservatório da comunidade imediata? E o que aconteceria com o Teorema de Pitágoras? O que dizer da Tabela Periódica? Mais adiante, como secretário da Educação em São Paulo, Paulo Freire refletiu sobre esses temas e sua elaboração passou a ser bem mais aberta: "A escola democrática de que precisamos não é aquela em que só o professor ensina, em que só o aluno aprende e o diretor é o mandante todo-poderoso".[20]

Na afirmação anterior há uma fresta para se admitir que o professor ensina algo a alguém. Mas essa fresta não foi suficiente para impedir que a obra de Paulo Freire viesse a ser usada na difusão de uma concepção demasiadamente restrita sobre o conhecimento humano. Diante da variedade do conhecimento, ele impressionou-se com a memória e o conhecimento proposicional. A primeira foi desvalorizada e o segundo foi compreendido de forma enviesada, como depósito e simples arquivo na mente do educando.

Volto mais uma vez ao tema do respeito do pedagogo pelo aluno e faço agora a transcrição da passagem em seu contexto para poder chegar ao ponto aonde quero:

> Para o educador-educando, dialógico, problematizador, o conteúdo programático da educação não é uma doação ou imposição – um conjunto de informes a ser depositado nos educandos – mas a devolução organizada, sistematizada e acrescentada ao povo daqueles elementos que este lhe entregou de forma desestruturada.[21]

Eu disse anteriormente que a obra de Paulo Freire sofreu uma descontextualização; não apenas isso, ela foi distorcida e projetada para fora de seu horizonte de expectativas. Um exemplo disso está na passagem citada anteriormente, que foi retomada por ele no mesmo livro, um pouco mais adiante:

> Em uma longa conversação com Malraux, declarou Mao: *Você sabe o que eu digo, faz já muito tempo: devemos ensinar para as massas com precisão aquilo que recebemos delas com confusão.* André Malraux, *Antimemoires*. Paris: Gallimard, 1967, p. 531.
>
> Nesta afirmação de Mao está toda uma teoria dialógica de constituição do conteúdo programático da educação, que não pode ser elaborado a partir das finalidades do educador, do que lhe pareça ser o melhor para *seus* educandos.[22]

Fica evidente que no centro da teoria dialógica e dos temas geradores bate o coração de Mao, como Freire não deixa de insistir, de diversas formas e por meio de várias fontes. "Para estabelecer uma ligação com as massas, devemos nos conformar aos desejos delas. Em todo trabalho para as massas, devemos partir das necessidades delas e não de nossos próprios desejos",[23] ele escreve, citando Mao em francês.

Faz todo o sentido que ele conclua que nessa relação dialógica do dirigente com a massa ou na relação do alfabetizador com o alfabetizando, o trabalho seja o de *devolver, de modo organizado, sistemático e com acréscimos, os elementos que o aluno nos entregou de forma desestruturada.* Trata-se de um princípio pedagógico importante nesses contextos, apesar do tom de piedosa sabedoria nele contido. Tal princípio, no entanto, ainda é repetido entre nós como se fosse uma grande pérola do saber pedagógico, quando era apenas um conselho da perigosa sabedoria chinesa dos anos 1970.

NOTAS

[1] Disponível em <http://portal.mec.gov.br/component/content/article?id=17681:paulo-freire-e-declarado-o-patrono-da-educacao-brasileira>, acesso em 14 mar. 2017.
[2] Paulo Freire, *Pedagogia do oprimido*, Rio de Janeiro, Paz e Terra, 2014, p. 74.
[3] Idem, ibidem, p. 55.
[4] Idem, ibidem.
[5] Idem, ibidem, p. 243.
[6] Idem, ibidem, p. 188.
[7] Nas páginas 79, 188, 208, 209.
[8] Paulo Freire, op. cit., p. 208.
[9] Idem, ibidem, p. 209.
[10] Idem, ibidem, p. 208.
[11] O espaço de experiências da esquerda no Brasil da época é muito complexo e não posso me deter nisso. Mas não resisto a oferecer uma mostra dessa complexidade, lembrando uma observação de Simone de Beauvoir sobre Luís Carlos Prestes, que ela conheceu em sua visita ao Brasil: "Prestes em nada se parecia mais com o jovem e belo Cavaleiro da Esperança dos tempos heroicos. Em uma longa exposição, dogmática, atacou as Ligas Camponesas e pregou a moderação: o Brasil tornar-se-ia um país socialista, desde que nada fizesse para isso." (Simone de Beauvoir, *Sob o signo da história*, vol. 2, trad. Maria Jacinta, São Paulo, Difusão Europeia do Livro, 1965, p. 264). A *Pedagogia* de Paulo Freire também pode ser vista como uma peça de resistência contra o dirigismo prestista.
[12] Paulo Freire, op. cit., p. 213.
[13] Idem, ibidem, p. 94.
[14] Idem, ibidem, p. 96.
[15] Idem, ibidem, p. 97.
[16] Hannah Arendt, *Entre o passado e o futuro*, trad. Mauro Barbosa de Almeida, São Paulo, Perspectiva, 1972, p. 225.
[17] Idem, ibidem, p. 223.
[18] Paulo Freire, op. cit., p. 85.
[19] Idem, ibidem, p. 116.
[20] Paulo Freire, *Professora sim, tia não: cartas a quem ousa ensinar*, São Paulo, Olho d'Água, 1997, p. 67.
[21] Paulo Freire, op. cit., 2014, p. 116.
[22] Idem, ibidem. Grifos meus. A citação de Mao está em francês no original: "*Vous savez que je proclame depuis longtemps: nous devons enseigner aux masses avec précision ce que nous avons recu d'elles avec confusion.*"
[23] Idem, ibidem, p. 118.

VARIEDADES DO CONHECIMENTO

Teorias e metateorias

A conversa entre o professor e o teórico da educação nem sempre é fácil. Nos cursos de formação continuada, quando o teórico faz uma palestra lendo seu texto, não tem muita chance de sucesso. Se a palestra for feita na base do olho no olho, o professor em formação até pode prestar atenção, mas poucas vezes se reconhece no teórico. É tudo *muito* Morin e Maturana. É fácil perceber as razões disso. Quando se trata de pensar sobre os processos de aprendizagem escolar, há um contraste muito forte entre as descrições teóricas, com dois franceses debaixo do braço, e as preocupações do professor, que enfrenta as variedades da experiência na sala de aula. Nosso sistema escolar, que mal dá conta dos padrões mínimos de ensino-aprendizagem, se vê desafiado a executar tarefas que a própria academia mal executa.

Um exemplo são as propostas de "ancoragem social dos conteúdos" que estão na moda curricular entre nós. Em que consiste isso? Trata-se de uma estratégia de tipo metateórico. Não basta apenas que o aluno aprenda a noção de modelo atômico, por exemplo.[1] O professor de Ciências Naturais deve também favorecer uma compreensão do processo de "construção social dos conhecimentos",

> [...] cujas raízes históricas e culturais tendem a ser usualmente "esquecidas", o que faz com que costumem ser vistos como indiscutíveis, neutros, universais, intemporais. Trata-se de questionar a pretensa estabilidade e o caráter a-histórico do conhecimento produzido no mundo ocidental, cuja hegemonia tem sido incontestável.[2]

A proposta então é esta: os conhecimentos da ciência ocidental são "pretensamente estáveis", "supostamente neutros" e devem se fazer acompanhar, no currículo escolar, de um trabalho de "ancoragem social" que mostre "os vestígios da construção histórica dos saberes". Mais ainda: o ensino deve incluir discussões sobre a origem das ciências, seus conflitos e divergências internas, a pretensa hegemonia da ciência ocidental, a natureza das diferentes teorias científicas.[3] Mas existem professores de Ciências no Brasil? Fala-se hoje em um déficit de 170.000 docentes para o ensino fundamental apenas na área de Ciências. Enquanto o teórico acusa a escola de insistir "em apresentar uma teoria consensual da ciência", a escola real nem sequer tem um professor de Ciências. Enquanto o teórico acusa a escola de "apresentar a ciência ocidental como a única possibilidade", o aluno da escola real não faz a menor ideia do que isso quer dizer, não há aula de Ciências em sua escola.

Algumas variedades do conhecimento

As dificuldades que temos com a noção de "conhecimento escolar" são proporcionais às que apresentamos com a noção mais ampla de conhecimento. O valor universal *e* objetivo do conhecimento é uma ação de baixo valor no mercado do currículo, que parece prezar mais os procedimentos de desconstrução. A epistemologia que transita na teoria curricular pós-crítica tem como ponto de partida uma descrição aguda da arquitetura do conhecimento, na qual prevalece o ponto de vista da sociologia do conhecimento. É apenas no cenário de uma descrição empobrecedora do conhecimento que pode prosperar a ideia da promoção de uma consciência crítica *em abstrato*, guiada apenas pela vaga ideia de formação da cidadania consciente.[4]

Quando comentei a *Pedagogia do oprimido*, disse, para começo de conversa, que a epistemologia ali implícita faz uma descrição inaceitável da memória e do testemunho. Mais do que isso, a hegemonia freiriana nas faculdades de Educação deixa praticamente pouco espaço para os estudos de epistemologia e currículo, pois é como se os problemas mais relevantes na formação do professor fossem aqueles de sua boa orientação cidadã, combinada com uma epistemologia simplificadora. Quero agora retomar a conversa apontando algumas variedades do conhecimento humano que deveriam ser mais bem consideradas quando falamos sobre os conhecimentos escolares.

Seja o caso da maltratada memória. Sob qualquer ponto de vista a memória é um alicerce do conhecimento humano. Classicamente ela pode ser vista junto à percepção, às capacidades de raciocínio (pensamento) e ao testemunho como integrante das fontes do conhecimento. Dizendo de outra forma, diante da pergunta "como você sabe isso" (e notadamente se "isso" for uma afirmação qualquer), as respostas podem ser:

a. *porque vi* (cheirei, toquei, ouvi etc.), e assim trata-se de um conhecimento baseado em algum processo de *percepção*; os problemas epistemológicos aqui dizem respeito à confiabilidade de nossos sentidos;

b. *porque me disseram*, porque li, porque ouvi (no sentido de escutar a fala de alguém), e assim trata-se de um conhecimento baseado no *testemunho*; os problemas epistemológicos dizem aqui respeito à confiabilidade deles;

c. *porque*, consideradas as premissas, *posso tirar uma conclusão*; podemos saber muitas coisas apenas ligando, de modo adequado, a afirmação A com a afirmação B. Os problemas aqui referem-se ao respeito com as formas de nossos *raciocínios*;

d. *porque me lembrei*, isto é, porque tenho *memória*; e aqui o problema é o da confiabilidade dela, por certo.

Consideremos, então, que a percepção, o testemunho, o pensamento e a memória são fontes de conhecimento. Nosso próximo passo consiste em ver que essas fontes proporcionam muitos *tipos* de conhecimentos. Dentre eles, a tradição epistemológica destaca três:

a. o conhecimento por *familiaridade*. Adquirimos muitos conhecimentos a partir de nosso contato com o mundo, por assim dizer, pela familiaridade que conquistamos com ele aos poucos. O conhecimento por familiaridade ou *contato* não depende da interação linguística. Podemos conhecer uma cidade – no sentido de sermos capazes de andar por ela à vontade – apenas caminhando por suas ruas e dizemos que conhecemos bem uma pessoa depois de ter convivido com ela por certo tempo;

b. o conhecimento como uma *habilidade*. A prova do pudim não é apenas comê-lo, pois antes ele deve ser feito. Fazer um bolo, ler, escrever, fazer contas ou dirigir um veículo são competências que adquirimos mediante práticas repetidas. Trata-se de um saber sobre *como* fazer algo, que muitas vezes foi aprendido, como no exemplo anterior, sem a necessidade de uma mediação linguística, como é evidente nos casos mais simples;

c. o conhecimento como a posse de uma *informação* que nos é dada em nossa língua. Aqui há um salto. Quando alguém nos diz algo sobre alguma coisa está oferecendo uma porção de conhecimento linguístico, proposicional. A pessoa nos faz uma proposta de descrição de um certo estado de coisas no mundo: que "o edifício está fechado", por exemplo. Uma grande parte de nossos conhecimentos é desse tipo e ele é fundamental para incrementar os outros tipos de conhecimentos. Se queremos formar bons cuteleiros, não basta colocá-los ao lado de bons profissionais para que se familiarizem com a atividade. Tampouco basta pedir que procurem imitar com precisão os gestos deles. Isso apenas vai garantir que fabricarão facas muito parecidas com a de seus instrutores. E que fracassarão no momento em que as matérias-primas sejam ligeiramente alteradas. A formação deles será melhor e mais rápida se os fundamentos da experiência da humanidade com a fabricação de facas forem apresentados para eles da forma mais completa possível.

Uma outra dimensão diz respeito aos objetos do conhecimento humano. Quais coisas podemos conhecer? Aqui é usual lembrar-se da distinção entre o conhecimento *de si mesmo*, o conhecimento *do outro* e o conhecimento *do mundo*. Desde logo precisamos acrescentar que essa expressão, "mundo", é usada para indicar diferentes dimensões: o mundo dos objetos formais, o mundo dos objetos materiais, extensos e o mundo dos objetos institucionais (como as leis, o dinheiro), simbólicos e ficcionais. Assim, temos um grupo de objetos que inclui o autoconhecimento, o conhecimento sobre figuras geométricas, sobre números, o conhecimento do mundo histórico-social (no mais amplo sentido da expressão) e a imensa diversidade do mundo simbólico. Pode ser incluído aqui ainda um outro vocabulário, aquele que faz a distinção entre conhecimento *a priori* (que podemos ter apenas mediante reflexão) e o conhecimento a *posteriori*, que depende de algum processo de confirmação pela experiência.

Quando refletimos sobre o conhecimento humano a partir de nossas capacidades de consciência, surge uma sugestiva distinção entre as coisas que podemos conhecer por meio de nossas *capacidades sensoriais, discriminativas* – o mundo que percebemos por meio dos sentidos – e as coisas das quais temos consciência apenas por meio da *reflexão*. A tradição filosófica distingue, assim, entre duas formas de consciência, a *discriminativa* (dependente dos sentidos) e a *reflexiva* (dependente do domínio de códigos), com seus respectivos objetos. Os números, por exemplo, entidades de tipo formal, são objeto de nossa consciência reflexiva, pois, afinal das contas, quando você vê um numeral, sem essa forma de consciência, enxerga apenas um rabisco.

Outro aspecto essencialíssimo nos processos pedagógicos é indicado pela distinção entre a dimensão *tácita*, *implícita* ou *operatória* do conhecimento, que se manifesta quando lançamos um objeto visando atingir um alvo, quando "calculamos" a força corporal necessária para dar um salto, e a dimensão *explícita*, de tipo linguístico-proposicional. Essas distinções foram explicitadas tanto pela Filosofia (por exemplo, por Michael Polany) quanto pela Psicologia (por exemplo, pela noção de conhecimento operatório, em Piaget) e as relações complexas entre elas são de especial interesse para o educador.

Podemos ainda incluir nessa lista de variedades do conhecimento a distinção proposta por diversos autores entre o conhecimento *comum*, cotidiano, de tipo horizontal, e os conhecimentos produzidos pelas comunidades de *especialistas*, de tipo vertical. Essa distinção, que foi destacada por autores como Jürgen Habermas, Anthony Giddens, Basil Bernstein, entre outros, igualmente é essencial em qualquer conversa sobre currículo, como indiquei anteriormente.

Chegamos, assim, a uma grande variedade de direções em que podemos usar a expressão "conhecimento": no sentido de percepção, pensamento, memória, testemunho, familiaridade, habilidade, informação, autoconhecimento, conhecimento do outro, do mundo, formal, material, simbólico, institucional, pragmático, histórico, social, discriminativo, reflexivo, tácito, explícito, cotidiano e curricular.

Veja esses conceitos num quadro:[5]

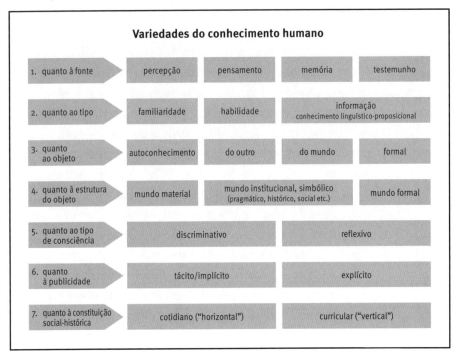

Esses conceitos – e eu não procurei ser exaustivo – fazem parte de um vocabulário que deve ser levado em consideração no desenho curricular e pedagógico, pois cada um deles indica uma dimensão relevante da formação e aprendizados humanos que pode ser adequadamente projetada nos estudos curriculares. Para não deixar esse assunto sem uma ilustração, veja o quadro a seguir:

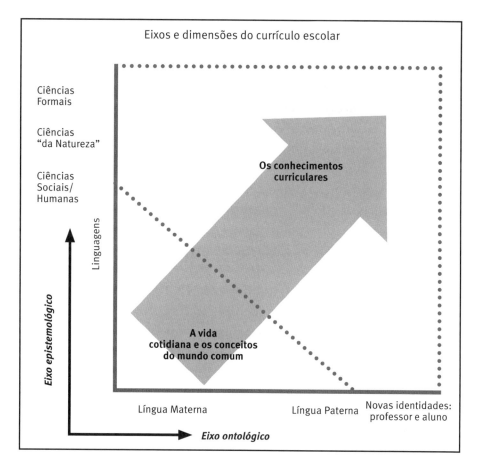

A linha horizontal inferior, no quadro acima, indica o eixo ontológico, que simboliza a localização de um indivíduo em uma linha de tempo. No canto esquerdo, a linha sugere o nascimento de cada um de nós no âmbito na língua materna e a nossa inscrição posterior na sociedade mais ampla, por meio do domínio da língua escrita e pela elaboração de novas identidades, mais amplas do que aquela da família.

A linha vertical indica o eixo epistemológico, que simboliza nossa inserção no mundo dos conhecimentos, cuja apropriação é facilitada pela escola. A linha sugere uma hierarquia, entre outras possíveis, entre esses conhecimentos, quando consideramos a proximidade deles em relação ao mundo da vida do educando. É por essa razão que surge o triângulo interno. Ele indica o ponto de partida inevitável da relação pedagógica, constituído pelo mundo da vida cotidiana e pelos conceitos do mundo comum. É a partir dele que o educando pode apropriar-se dos conceitos complexos propostos pelo currículo. As linhas cheias sugerem os fatos dos quais partimos; o principal deles é que o educando deve ser acolhido como ele é. As linhas pontilhadas sugerem a abertura e a porosidade com que devemos desenhar o currículo, que não consiste apenas em uma competição por hegemonia. Como qualquer outra área complexa, devemos também pensar o currículo a partir de uma tradição reflexiva a ser relembrada e reconstruída.

A polarização que foi proposta para a Pedagogia brasileira, que coloca de um lado os "libertadores" e de outro os "bancários", não teve a pretensão de descrever nem de explicar alguma coisa. Ela era um instrumento de trabalho, mas isso parece ter sido esquecido. A epistemologia freiriana era essencialmente estratégica e não estava preocupada com as simplificações que ficavam implícitas. No Brasil dos anos 1970, algumas frases, como "ninguém educa ninguém", até poderiam ser dísticos oportunos em certos contextos, como a alfabetização de adultos. É um fato que a consideração do contexto é essencial para a relação pedagógica, mas 50 anos depois, frases de propaganda contextual não deveriam mais ser consideradas como instrumentos teóricos interessantes.

A máquina da desconstrução

Poucas expressões são mais populares na Pedagogia atual do que "construção social": *de um projeto, dos saberes, de conhecimentos, de conceitos, de parâmetros, de identidades, de práticas, de significados, de currículos, de diferenças, de desigualdades, da sociedade, de categorias*. E, de forma coerente com essa ênfase, a escola é apresentada como a máquina-mor da desconstrução:

> Julgamos que cabe à escola, por meio de suas atividades pedagógicas, mostrar ao aluno que as coisas não são inevitáveis e que tudo que passa por natural precisa ser questionado e pode, consequentemente, ser modificado. Cabe à escola levá-lo a compreender que a ordem social em que está inserido define-se por ações sociais cujo poder não é absoluto. O que existe precisa ser visto como a condição de uma ação futura, não como seu limite. Nossos questionamentos devem, então, provocar tensões e desafiar o existente.[6]

Eu ficaria contente com uma escola onde ocorressem atividades pedagógicas nas quais as coisas, em primeiro lugar, fossem mostradas, e onde o aluno aprendesse conhecimentos básicos e importantes sobre a natureza e a sociedade. Para aprender essas coisas, ele aprenderia a bem ler, escrever e contar. Sem construir essas habilidades nada pode ser desconstruído. O que a passagem anterior mostra é que a missão da escola, além de ser sobrecarregada pelos políticos que querem introduzir qualquer coisa no currículo, também é sobrecarregada pelos teóricos. Aquilo que hoje é um honesto e modesto ensinamento da Sociologia (que pode e deve constar nas aulas da disciplina), é tratado pelo teórico como missão da escola. "*Nossos questionamentos devem provocar tensões e desafiar o existente*", diz o teórico. Mas essa afirmação é, sobretudo, um honesto e modesto princípio de ensino-aprendizagem, que deve estar presente desde a alfabetização! Nas mãos da teoria, o currículo e o conhecimento transformam-se, hiperbolicamente, em espaços de desconstrução social e crítica cultural.

A Sociologia do conhecimento nunca foi tão gloriosa, mas a hegemonia dela na Pedagogia brasileira foi obtida à custa do rebaixamento da epistemologia, da Psicologia da educação, de uma metodologia do ensino com os pés no chão da escola.

A noção de conhecimento precisa de um esclarecimento simples e importante. Não podemos considerar o conhecimento humano apenas como o conjunto das afirmações verdadeiras sobre os diversos aspectos da realidade. O conhecimento tem muitas outras dimensões. As afirmações que encontramos nas diversas áreas de realizações e conhecimentos surgiram a partir do exercício de habilidades e procedimentos duramente conquistados ao longo da história da humanidade. O conhecimento não é apenas produto, ele é, antes de tudo, um processo, e a Pedagogia, de modo coerente com essa compreensão, não é um misto de teoria e prática acompanhada de consciência política. A capacidade profissional de intervenção do pedagogo não é adquirida somente pelo estudo de teorias; ela surge da combinação disso com a formação de uma capacidade de julgamento e avaliação de situações particulares. Essas habilidades aparecem no contexto de uma formação por meio de situações de conhecimento por familiaridade, ligadas ao desenvolvimento da capacidade de saber-fazer.

A grande variedade das situações de conhecimento, que indiquei antes, torna praticamente impossível uma definição simples de "conhecimento". Na verdade, o melhor é não se pensar tanto em termos de uma definição de conhecimento, mas em possuirmos mapas que nos permitem viajar melhor em uma região que, em certo sentido, cada um de nós conhece, pois viajamos nela de modo intuitivo. Mas o que isso tem a ver com a desconstrução?

O teórico da desconstrução faz duas jogadas. De um lado, ele pouco se refere à consciência metateórica que deveria acompanhar suas próprias elaborações. Ou seja, ele mesmo trata de não tematizar o fato que sua teoria da construção social foi um recurso metodológico importante, que surgiu lentamente na ciência ocidental e que proporcionou à Pedagogia um novo e importante patamar de teorização, na medida em que foi aplicado com algum rigor e com importantes restrições teóricas. Essa consciência metateórica que acompanhou o surgimento da sociologia do conhecimento aplicada à educação, por vezes, perde-se pelo caminho e transforma-se em um conjunto de observações genéricas e generalizantes: o teórico lança mão de descrições homogeneizadoras e estereotipadas da "ciência", do "conhecimento", do "ocidental", da "objetividade", da "neutralidade", pois não está muito interessado no varejo do conhecimento humano.[7]

O que não podemos falhar em conhecer

Como podemos responder a esta pergunta: "o que é ser um cientista?", quando levamos a sério a diversidade das áreas da ciência? Volto aqui ao quadro anterior, sobre os eixos e dimensões do currículo escolar. A partir dele podemos distinguir uma área de "ciências formais ou sintáticas", como a Lógica e a Matemática, disciplinas essencialmente dependentes de nossas capacidades reflexivas e que podem ser praticadas em cadeira de balanço, com papel e lápis; na área das *ciências naturais*, como a Física, a Química, a Biologia, a Geologia, o cientista não apenas tem um compromisso com o rigor da reflexão, mas deve também lançar mão de suas capacidades discriminativas, observacionais, pois está comprometido com a referência de sua linguagem no mundo; e finalmente a área das *ciências humanas*, que além desses dois aspectos anteriores (de tipo sintático e semântico), por assim dizer, investigam o investigador. Depois de uma reflexão sobre a diversidade das áreas, parece claro que qualquer boa resposta para uma pergunta tão ampla, "o que é a ciência?", deve dar conta dessas complexidades. O que é ser um cientista quando levamos em conta os diferentes protocolos de procedimentos de cada uma das áreas? E se destacamos o tema dos "objetos" da ciência, das áreas de abrangência dela, devemos também considerar as ciências constituídas por *procedimentos*. Afinal, ser um cientista é acima de tudo uma questão de assumir compromissos com certos padrões e formas de solução de problemas. A ciência pode ser vista como um tipo de protocolo para lidar com o mundo, no mais amplo sentido dessa expressão.

É possível ver uma ciência como um conjunto de proposições tidas como verdadeiras por uma comunidade especializada. Essa imagem pensa a ciência como um produto acumulado, um certo "estado da arte". Mas ela é também e talvez de modo ainda mais importante um tipo de procedimento. Quando alguém fala em "ciência", temos que considerar ao menos estas duas alternativas: de um lado, como um conjunto de *processos ou procedimentos de investigação* e, de outro, como *o estado da arte* em alguma área do conhecimento humano; e isso em um contexto no qual temos em mente certos *tipos gerais de ciências*, que guardam entre si diferenças relevantes.

A crítica desconstrucionista usualmente está centrada na alternativa da descrição da ciência ligada à busca de descrições verdadeiras em determinada área da experiência humana. O desconstrucionista se compraz na descoberta das condições contextuais desse processo. Mas isso é apenas uma pequena parte da história! Se temos uma imagem do conhecimento humano demonstrado que se atém a um estado da arte de uma ciência, somos levados a pensar que os limites da ciência são coincidentes com a extensão das afirmações verdadeiras sobre o mundo. Nesse caso, o desafio da epistemologia consiste em oferecer um conjunto de justificações e explicações para esses enunciados, que, uma vez datados e contextualizados, podem ser, por assim dizer, "desconstruídos". Contudo, isso é somente metade da história. Podemos e devemos ver as ciências como *conhecimentos demonstrados* de outra maneira. Se pensamos nos conhecimentos humanos vendo-os como resultados da capacidade humana de fazer julgamentos, isso implica compreender o conhecimento como capacidade de caracterizar e categorizar o mundo; essa capacidade está ligada ao domínio de habilidades e às experiências de familiaridade. Da mesma forma, isso nos leva a compreender o conhecimento humano como a capacidade que temos para criar e aplicar conceitos. Ocorre que os conceitos dos quais nos apropriamos – *nosso repertório* – foram aprendidos da mesma maneira em nossos cenários de iniciação.

O que aprende uma criança quando aprende uma palavra? Ela aprende o significado da palavra ou o que a coisa é? A pergunta, inspirada em Cavell, nos lembra o fato de que muitas vezes não aprendemos nem o significado da palavra nem o que a coisa é. Pense nisto: onde, quando, como, com quem, de quem, contra quem, em quais contextos, em quais situações, em quais opressões, em quais alegrias, em quais tristezas cada um de nós aprendeu o significado da palavra "mulher"? Pense por um momento que é possível que muitos de nós não tenhamos aprendido nem o *significado* da palavra nem o que *é* uma mulher; e que precisamos aprender um pouco mais e mais depressa para que algo aconteça com as estatísticas que contam a agressão contra as mulheres por todas as partes; essa agressão não brota da natureza humana, mas nesse frágil processo de aprender a falar, que nos acontece desde bebês. Como indivíduos, nem sempre compreendemos e dominamos as potências contidas nos humildes conceitos que nos foram parafusados um dia, por vezes de forma enviesada. Fica evidente, assim, que o conhecimento humano implica uma relação muito complexa entre sua dimensão acumulada (*o reservatório* ou o conhecimento demonstrado disponível) e a caminhada de apropriação ontogenética (individual), sujeita a todo tipo de enviesamento singular.

Os limites do conhecimento demonstrado são os limites dos conceitos disponíveis na cultura em um dado período histórico, ao passo que os limites do conhecimento de cada um de nós são de mais de um tipo. Há o conhecimento do qual me apropriei, de forma mais ou menos passiva, em uma e outra situação. Sou tentado a dizer aqui que se trata do conhecimento que eu *sofri*. E há também *o conhecimento que minha cultura colocou à minha disposição e que eu não poderia falhar em conhecer*. É nesse espaço e momento que surge o lugar da escola. É nele que encontramos as nossas possibilidades de renascimento. Mas se vemos a escola, como quer o desconstrucionista, como essencialmente um aparato de questionamento "da pretensa estabilidade do conhecimento no mundo ocidental", rebaixamos não apenas os horizontes da escola, mas também o próprio horizonte da epistemologia aplicada ao currículo. É o que acontece quando ninguém educa.

NOTAS

[1] Os conteúdos sobre modelos atômicos podem ser apresentados ao aluno na primeira série do ensino médio, conforme a sugestão da Base Nacional Comum Curricular.
[2] Antônio Moreira e Vera Candau, *Indagações sobre o currículo: currículo, conhecimento e cultura*, Brasília, MEC/Secretaria de Educação Básica, 2007, p. 36.
[3] As expressões são de Antônio Moreira e Vera Candau, op. cit., pp. 36-7.
[4] Em outro trabalho em preparação examino com mais detalhe a história da disseminação do vocabulário da "consciência crítica" na Pedagogia brasileira.
[5] Nessa extensa lista, não houve a necessidade do uso de expressões como "conhecimento científico". Dada a abrangência do conceito, seria de pouco uso nesse contexto, pois a imensa diversidade de aspectos nele contidos ficaria mascarada. Veja também que nessa abordagem sequer mencionei a questão da demarcação entre o conceito de "conhecimento" e o de "crença".
[6] Antônio Moreira e Vera Candau, op. cit., p. 42.
[7] Para aprofundar esse ponto o leitor pode consultar o prefácio do famoso livro organizado por Michael Young (1971), *Knowledge and Control*. Veja na Bibliografia.

SEGUNDA PARTE

Quando o presidente de Zilbra voltou a ser eleito pelo voto popular, surgiu a ideia de estender as reconquistas democráticas às escolas. Assim como os cidadãos escolhiam o presidente, os estudantes, professores e servidores da escola deveriam escolher seus diretores. Começou, assim, um Grande Movimento de Renovação que se estendeu até os princípios pedagógicos. As universidades de Zilbra proclamavam a liberdade de cátedra e a mesma ideia foi plantada nas escolas. Cada professor poderia decidir o que fazer na aula. Alguns pediram uma revisão dos tempos escolares. Queriam acabar com o imperialismo daquelas Disciplinas Tradicionais que ensinavam apenas a ler, escrever e contar. O argumento era que o tempo escolar deveria ser distribuído igualmente entre os iguais, pois não havia desigualdade nem prioridade entre as disciplinas. Os estudantes de Zilbra, em acordo ao espírito do tempo, acharam que já era hora de participar um pouco mais da direção da escola.

CURRÍCULO
E EPISTEMOLOGIA

Há evidências concretas da penúria no debate sobre currículo e epistemologia. Quando se examina a bibliografia disponível entre nós, é facilmente verificável a tendência desconstrucionista nos estudos.[1] Essa unidimensionalidade da cultura curricular contribui para o esvaziamento da própria escola e de suas possibilidades. Neste capítulo vou abordar a questão da natureza das disciplinas escolares. No primeiro momento, discutirei o problema de forma mais geral para depois oferecer algumas evidências empíricas em favor do que digo.

O currículo escolar pode ser uma prática de iniciação e de preservação de nossas melhores conquistas. É uma prática disputada, por certo, pois nela é preciso chegar a acordos sobre os aspectos centrais de nosso reservatório cultural. O currículo é o que contamos como valioso para a continuidade geracional. Ele tem, portanto, uma forte dimensão comunicacional e, por isso, podemos vê-lo como um sistema de mensagem. Isso tem sido destacado na linha de estudo de epistemologia curricular proposta por Basil Bernstein. O currículo diz respeito ao universo do conhecimento educacional formal, ele é o que "conta como conhecimento válido".[2] Por essa razão, toda teoria do currículo implica uma teoria do conhecimento, ligada ao papel da escola como uma instituição comprometida com a preservação do que temos de melhor.

A epistemologia, por sua vez, é o estudo do conhecimento – daquilo que contamos como conhecimento, sua natureza, fontes, limites, formas etc. São muitos os problemas da epistemologia, pois incluem desde os temas ligados à lógica até aqueles que discutem a dimensão social e política do conhecimento. Por assim dizer, a epistemologia tem tantas variedades quantas são as dimensões do conhecimento humano: questões valorativas, genéticas, conceituais, metodológicas e, certamente, questões pedagógicas. Assim, essas duas palavras, "epistemologia" e "currículo", podem andar juntas sem causar estranheza. Isso parece ser cada vez mais necessário, na conjuntura em que vivemos, diante das muitas propostas de intervenção no currículo escolar: as pressões para a introdução de conteúdos sobre criacionismo e ensino religioso, as polêmicas sobre a Base Curricular Nacional e as propostas de mordaças na escola. Nessa hora, fala-se sobre muita coisa e pouco sobre os critérios conceituais que devem presidir as decisões de desenho curricular, menos ainda sobre a penúria de nossa cultura pedagógica, curricular e avaliativa.

Lembro aqui o Plano Nacional da Educação (PNE), aprovado em 2014, como ponto culminante das políticas educacionais de inclusão e de compromisso com metas de qualidade. O PNE renovou as pressões contidas em todos os documentos anteriores para a adoção de práticas curriculares de natureza interdisciplinar no ensino médio. Mas como isso pode ser feito? Parece ser evidente que, diante da hegemonia da desconstrução e assemelhados, não apenas temos pouca prática, como também, menos ainda, teoria.

A inovação e o sucesso no desenho curricular voltado para a interdisciplinaridade supõem que o planejador tenha uma boa noção das características do domínio da experiência e do conhecimento que serão alvo do currículo. Surgem aqui perguntas singelas: que tipo de unidade podemos supor no currículo? Como compreendemos a estrutura conceitual peculiar de cada disciplina? Há alguma organização implícita nas disciplinas? Em que consiste isso? E quando consideramos o currículo em sua totalidade, o que há ali de estrutura implícita? Como se dá a correlação de conceitos, nas disciplinas e no currículo? Existem (quais são?) tipos de organizações implícitas que podemos identificar no currículo e nas disciplinas? Quais são as formas fundamentais de experiência e conhecimento humanos? Quais são as relações entre os conceitos em cada área do conhecimento? As respostas para essas questões implicam discussões sobre as variedades dos conhecimentos humanos, relacionados com formas de experiência e seus desdobramentos curriculares.

Temos o que temos. O vocabulário da interdisciplinaridade adotado no Brasil é o nosso ponto de partida e é, ao menos, um bom sintoma, pois as conexões relevantes entre os conhecimentos humanos apresentados nas disciplinas são uma preocupação central no planejamento escolar no nível médio. É disso que depende um certo sentido de unidade nas aprendizagens escolares. Se esse é um problema pedagógico essencial para a escola, é também uma questão que precisa ser enfrentada com os recursos da epistemologia aplicada ao currículo.

Duas interdisciplinaridades

Vou me deter em dois sentidos de "interdisciplinaridade". Um deles consiste no uso da expressão no âmbito da pesquisa, quando nos referimos a um espaço de produção de conhecimentos ou quando temos determinado objeto ou tema que queremos compreender melhor, e isso somente pode ser feito mediante o concurso de duas ou mais disciplinas. Se queremos escrever sobre o capital, precisaremos de Economia, Sociologia, Política, História, por exemplo, pois o capital não é uma disciplina. A abordagem interdisciplinar visa a temas que pela sua natureza demandam conhecimentos produzidos disciplinarmente e é evidente que qualquer abordagem interdisciplinar implica uma atitude de reconhecimento e respeito pelo conhecimento disciplinar. Isso também é válido para o segundo uso, que proponho chamar de interdisciplinaridade *escolar*, a interdisciplinaridade a serviço do currículo escolar.

Aquilo que fazemos para que o conhecimento escolar previsto no currículo ganhe um sentido para o estudante pode ser considerado parte desse interdisciplinar escolar, que é uma tarefa curricular e didático-pedagógica. É curricular porque pode ser antecipada nas fases de macroplanejamento, é didático-pedagógica porque sua realização efetiva na escola depende da mobilização de vontades particulares, da sensibilidade aos contextos de aprendizagem e da subordinação aos objetivos formacionais. Pense aqui, como exemplo, nas relações de dependência conceitual entre a Matemática e a Física, ou entre habilidades de argumentação e domínio da língua: não aprendemos a argumentar adequadamente no vazio conceitual. O interdisciplinar escolar não entra em conflito com as disciplinas, tampouco é uma panaceia contra a falta de unidade do saber e a fragmentação dos conhecimentos. Por vezes, a gente esquece que "disciplina" também quer dizer "ter cuidado".

Posso agora explicitar melhor algo que venho antecipando aos poucos. A introdução do vocabulário da interdisciplinaridade ocasionalmente tem como justificativa a frustrante experiência de escolaridade vivida pelo estudante. Ele é submetido a uma justaposição de sequências de conteúdos sistematizados que não conversam entre si. Se há algum sentimento claro no aluno é o de abandono. Seus professores são como um grupo de jogadores de paciência, solitários, que não trocam uma palavra entre si sobre as jogadas que executam. Paciência se joga sozinho, não? O apelo da interdisciplinaridade surge no contexto de uma crise didático-pedagógica espantosamente básica: pouco trabalhamos como equipe.

Antes de prosseguir nessa linha de raciocínio, precisamos nos perguntar se podemos ver o currículo escolar comportando um aspecto de narração, não mais no sentido condenado por Paulo Freire, mas indicando o complicado processo de transmissão cultural mediante o qual asseguramos a continuidade de capacidades como as de leitura e escrita, além de tesouros como o teorema de Pitágoras. Trata-se, em última instância, de contar, de passar adiante, de transmitir para as novas gerações o que fizemos de melhor. Um certo freirismo quer proibir o uso de expressões como "transmitir", mas não há como tergiversar nesse ponto quando queremos tanto a Mozart.

Quando olhamos para o currículo dessa forma, cada uma das disciplinas escolares sofre uma transformação. Elas passam a ser vistas como aquilo que realmente são, rizomas de realizações e curiosidades humanas. A curiosidade humana é multifacetada e cada uma das disciplinas escolares tem sua história e identidade ligada a alguma curiosidade humana fundamental, e os resultados dessa história precisam ser preservados, continuados, revisados.

A lista das disciplinas escolares não é fechada. No longo prazo, algumas surgem e outras desaparecem, mas há núcleos duros que permanecem. O compromisso com a disciplina também não é incompatível com a existência de áreas de sombreamento e de contato entre elas. É apenas trivial que precisamos fatiar e disciplinar a realidade para melhor compreendê-la e transformá-la. A disciplina é um processo de atenção à realidade e exige, como tal, métodos, estratégias de pensamento e de preservação do que pensamos e descobrimos. Ela é um disciplinamento a que nos submetemos voluntariamente. Os adultos educam-se a si mesmos quando fazem isso.

O esquecimento desse sentido comum das disciplinas torna possível o discurso que fala delas como uma fragmentação do conhecimento. Flerta-se assim com o objetivo de considerar a realidade como um todo, um sonho que costuma vir desprovido de qualquer método, incluindo o da loucura.

As disciplinas escolares materializam o esforço de apresentação e entrega daquilo que há de valioso no que se refere a habilidades, conhecimentos e familiaridades sobre o mundo material, formal e espiritual. Como podemos fazer essa entrega? Não existe um modo canônico para a transmissão do legado de realizações à nova geração. A forma predominante consiste na apresentação dos conteúdos específicos de cada uma das disciplinas alocadas no currículo, começando pelo mais simples e familiar até o complexo. É o que pode ser chamado de ensino baseado em uma lógica dos conteúdos, uma estratégia que exige a divisão do tempo escolar em disciplinas e o agrupamento espacial dos estudantes por faixas etárias idênticas. Não há nada de necessariamente errado nessa abordagem quando não se perde de vista que uma disciplina particular não é uma *fragmentação* da realidade, mas uma *forma de apresentação* dela.

Existem alternativas, contudo. Quanto mais básico for o nível de ensino, mais elas são abundantes. A imensa maioria das propostas inovadoras no Brasil concentra-se, no entanto, no ensino fundamental. São poucas as propostas inovadoras no ensino médio. Nas etapas iniciais da educação formal, parece ser mais viável uma aprendizagem guiada pela lógica da própria aprendizagem ou pela solução de problemas, procedimento abandonado no nível médio em favor da lógica guiada pelo conteúdo.

Há uma confusão trivial, mas plena de consequências, entre o ensino baseado na lógica dos conteúdos disciplinares e aquele baseado na lógica da aprendizagem de cada uma das disciplinas. Dizendo de outra forma: uma coisa são as sistematizações dos conteúdos de cada uma das disciplinas e outra é a forma como planejamos a distribuição de atividades para a aprendizagem em cada um dos níveis do ensino de uma disciplina.

O que não podemos perder de vista é que o currículo, em última instância, é, para a educação, como um roteiro ou guião, com a diferença importante de que *temos* que contar a história. Nunca podemos esquecer que todo o empreendimento educacional, de um ponto de vista evolucionário, está ligado ao processo de transmissão cultural. E nós, educadores, no passado mais recente, falamos muito mal da dimensão *conservadora* da educação.[3] No entanto, sem a conservação daquilo que há de mais valioso na história da humanidade, ficamos simplesmente perdidos.

NOTAS

[1] Há duas revistas registradas no Portal de Periódicos da Capes dedicadas a trabalhos sobre o campo curricular. Uma delas é *Currículo Sem Fronteiras: Revista para uma educação crítica e emancipatória*. É uma revista quadrimestral. Um número recente (v. 15, 3, set.-dez. 2015) é dedicado ao tema "Currículo, Identidade e Diferença". O manifesto que os editores assinam é bastante ilustrativo: "Esta revista pretende [...] numa perspectiva crítica, *analisar as políticas sociais, em geral, e educativas, em particular*. [...] Ademais, pretende buscar práticas dialógicas enriquecidas pelas distintas realidades, estabelecendo um debate descomplexado, tanto ao nível dos fundamentos ideológicos, econômicos, culturais e religiosos, quanto ao nível das dinâmicas de classe, raça e gênero que determinam a construção da tessitura social vigente, retratando e refletindo ainda sobre a condição pós-colonial em que todos se encontram. O campo do currículo assume uma preponderância incontornável dado que nele se atravessam quer as problemáticas inerentes às *políticas sociais relacionadas com a educação*, quer as reformas, inovações e reestruturações verificadas nos sistemas educativos, quer, ainda, as *dinâmicas relacionadas com a legitimidade do conhecimento veiculado*. Nesta conformidade, a discussão em torno do campo do currículo não só convida ao uso de várias áreas do conhecimento – sociologia, psicologia, filosofia, estudos culturais, antropologia –, como implica que o debate se registre tanto na sua vertente teórica, quanto na sua componente prática." (disponível em <http://link.periodicos.capes.gov.br>, acesso em 14 mar. 2017, grifos meus). A outra revista, na mesma linha, chama-se *Espaço do Currículo*, e tem como objetivo "socializar conhecimentos de abordagens multifacetadas produzidas em âmbitos Internacional, Nacional e Local". A periodicidade é quadrimestral. Ambas são boas ilustrações do afunilamento teórico dos estudos curriculares e do refúgio dos mesmos no jargão pós-pós-crítico.
[2] B. Bernstein, "On the Classification and Framing of Educational Knowledge", em Michael Young (org.), *Knowledge and Control. New Directions for the Sociology of Education*, London, Collier-MacMillan, 1971, p. 47. Eis a origem da fórmula que venho usando neste livro. Há uma ambiguidade importante aqui, no verbo "contar", que explorei anteriormente.
[3] Para ampliar essa discussão, veja o tratamento que dei para o tema em "Educação e política: notas para uma revisão do conceito de educação conservadora" em Ronai Rocha, *Sentimentos de outono: sobre universidade e educação*, Santa Maria, Ed. da UFSM, 1997.

O RESGATE DO UNO

A interdisciplinaridade e o "professor fragmentado"

Os maus-tratos ao conhecimento escolar não se encerram na desconstrução. Eles seguem nas caracterizações da interdisciplinaridade que encontramos na legislação brasileira, nas quais o conhecimento, o professor e o aluno são diagnosticados como estanques, compartimentalizados e fragmentados. A conclusão é que a escola promove uma visão segmentada da realidade e a solução para isso é o "interdisciplinar" e o "contextual". Veja essa passagem nos Parâmetros Curriculares Nacionais (PCN):

> A tendência atual, em todos os níveis de ensino, é analisar a realidade segmentada, sem desenvolver a compreensão dos múltiplos conhecimentos que se interpenetram e conformam determinados fenômenos. Para essa visão segmentada contribui o enfoque meramente disciplinar que, na nova proposta de reforma curricular, pretendemos superado pela perspectiva interdisciplinar e pela contextualização dos conhecimentos.[1]

O diagnóstico visa a "todos os níveis de ensino", e isso não poderia ser mais simplificador, dadas as diferenças relevantes entre eles. Mais ainda, o documento supõe um ideal nunca explicitado de uma análise não segmentada da realidade. Não contente com isso, o documento sugere uma epistemologia que compreende "múltiplos conhecimentos" (segmentados?) "que se interpenetram" e com isso "conformam determinados fenômenos". Nessa epistemologia curricular, a disciplina é sempre um "meramente" a ser superado. O texto dos PCN é exemplar dos demais encontrados na área, como veremos. As caracterizações da interdisciplinaridade usualmente são feitas de modo vago e raramente é dito o que ela é. Por vezes, as duas formas de abordagem, positiva e negativa, aparecem juntas, como neste trecho, dos mesmos PCN:

> Na perspectiva escolar, a interdisciplinaridade *não* tem a pretensão de criar novas disciplinas ou saberes, *mas* de utilizar os conhecimentos de várias disciplinas para resolver um problema concreto ou compreender um determinado fenômeno sob diferentes pontos de vista.[2]

Vamos aos fatos sobre esses extravios da interdisciplinaridade. Na atual Lei de Diretrizes e Bases (LDB) não ocorre a expressão "interdisciplinaridade" ou qualquer outra semelhante. As ocorrências relevantes da expressão começaram em 2000, com os Parâmetros Curriculares Nacionais. Elas voltaram a ocorrer em 2006, nas Orientações Curriculares Nacionais, e, em 2012, na Resolução 02 do Conselho Nacional de Educação/Câmara de Educação Básica (CNE/CEB). Hoje, o tema faz parte do vocabulário de todos os projetos sobre o ensino básico e, de certa forma, é a expressão máxima de nossa modernidade curricular. É pouco, mas é o que temos.

As primeiras caracterizações da interdisciplinaridade

O primeiro uso dessa expressão está na Resolução 03/98/CEB, que instituiu as Diretrizes Curriculares para o ensino médio. Essa Resolução é o primeiro documento, no ciclo de políticas públicas recente, a falar em *áreas de conhecimento*. No artigo 10, o texto diz: "a base nacional comum dos currículos do ensino médio será organizada em áreas de conhecimento, a saber: Linguagem, Códigos e suas tecnologias; Ciências da Natureza, Matemática e suas tecnologias; Ciências Humanas e suas tecnologias".[3]

A Resolução introduziu a interdisciplinaridade como um princípio pedagógico no artigo 6: "os princípios pedagógicos da Identidade, Diversidade e Autonomia, da Interdisciplinaridade e da Contextualização serão adotados como estruturadores dos currículos do ensino médio".[4]

No corpo da Resolução, no entanto, não há um tratamento conceitual da interdisciplinaridade. Ela é introduzida como um princípio, acompanhado de expressões como "diálogo dos conhecimentos", "disciplinas integradas", "didaticamente solidárias" e outras semelhantes. Com a Resolução 03/98 surgem os Parâmetros Curriculares Nacionais.[5] Foi ali que um episódio revelador da penúria do nosso pensamento curricular foi esboçado. Trata-se da aglutinação das disciplinas em áreas de conhecimento. O texto introdutório dos PCN esclarece que eles foram organizados em três áreas e oferece a seguinte justificação:

> A organização em três áreas [...] tem como base a reunião daqueles conhecimentos que compartilham objetos de estudo e, portanto, mais facilmente se comunicam, criando condições para que a prática escolar se desenvolva numa perspectiva de interdisciplinaridade.[6]

O argumento, extremamente sucinto, é de fundo epistemológico e comprometido com a perspectiva pedagógica do trabalho interdisciplinar. Os Parâmetros Curriculares Nacionais retomam as formulações anteriores e apresentam a interdisciplinaridade como tendo a função de utilizar os conhecimentos de várias disciplinas para a solução de problemas concretos e para a compreensão de um mesmo fenômeno sob diferentes pontos de vista.

Entre os documentos preparatórios para os PCN, o mais relevante deles é o parecer de Guiomar Namo de Mello. Trata-se do Parecer 15/98, sobre "Diretrizes Curriculares Nacionais para o ensino médio". Ele começa com a lembrança dos compromissos assumidos pela Constituição de 1988, que diz, no artigo 210, que "serão fixados conteúdos mínimos", aspecto igualmente previsto pela Lei de Diretrizes e Bases, no artigo 36. O Parecer aborda generosamente o tema da interdisciplinaridade, que ocupa aproximadamente quatro páginas, inspiradas pelo que ela chama de uma "visão orgânica do conhecimento". Os conteúdos de ensino devem ser organizados em "áreas interdisciplinares e projetos que melhor abriguem a visão orgânica do conhecimento e o diálogo permanente entre as diferentes áreas do saber".[7]

A seção dedicada à interdisciplinaridade é um dos poucos textos, considerados aqui apenas os documentos legais disponíveis após a LDB, que avançam pontos relevantes, indicados por expressões bem conhecidas: "ir além da mera justaposição de disciplinas", "relacionar disciplinas em atividades ou projetos de estudo, pesquisa e ação", promover o "diálogo dos conhecimentos", "dar conta de temas complexos", aprender "a olhar o mesmo objeto sob perspectivas diferentes", desafiar a "disciplina isolada" etc. Os avanços no tema surgem quando o Parecer sugere (e oferece exemplos interessantes) que "a interdisciplinaridade supõe um eixo integrador, que pode ser o objeto do conhecimento, um projeto de investigação, um plano de intervenção". Seu foco é a questão da interação entre as disciplinas escolares, bem como a defesa de estratégias pedagógicas de contextualização. O fato de ele manter separadas a interdisciplinaridade e a contextualização deve ser notado, pois nem sempre se encontra consciência disso nas formulações da área: "A interdisciplinaridade e a contextualização são recursos complementares para ampliar as inúmeras possibilidades de interação entre as disciplinas e entre as áreas nas quais as disciplinas venham a ser agrupadas".[8]

Como se sabe, os Parâmetros Curriculares Nacionais aglutinaram as disciplinas escolares em três grandes áreas, Ciências da Natureza e Matemática, Ciências Humanas e Linguagens. O parecer procura oferecer argumentos de fundo epistemológico para essa medida, pois se refere ao fato que as disciplinas de uma mesma área compartilham objetos de estudo. Em nenhum momento ficou claro em que consistem esses objetos, mas ao menos isso foi dito. Era pouco, mas o fato mais relevante estava por acontecer. Trata-se do que foi feito com a Matemática. O parecer ofereceu a seguinte justificativa para a presença da Matemática junto à Física, Química e Biologia, na área das Ciências da Natureza: era preciso "retirar a Matemática do *isolamento didático* em que tradicionalmente se confina no contexto escolar".[9] A expressão-chave aqui é "isolamento didático". Os Parâmetros Curriculares Nacionais operam com o diagnóstico correto de que o professor trabalha solitariamente na escola e que as consequências disso não são boas. Isso é visto claramente nesse trecho do documento "Linguagens, Códigos e suas tecnologias":

> [...] *a organização do aprendizado não seria conduzida de forma solitária pelo professor de cada disciplina*, pois escolhas pedagógicas feitas numa disciplina não devem ser independentes do tratamento dado às demais disciplinas da área e mesmo das outras duas áreas. Aqui,

tanto o ensino como a aprendizagem são vistos como ações de cunho interdisciplinar, que articulam o trabalho das disciplinas para promover competências.[10]

Vê-se que já estava consagrado o vocabulário das "áreas", aqui nomeadas como três. Nesse mesmo documento, encontramos sugestões de trabalho interdisciplinar, como se vê em "Linguagens, Códigos e suas tecnologias":

> A forma mais direta e natural de se convocar temáticas interdisciplinares é simplesmente examinar o objeto de estudo disciplinar em seu contexto real, não fora dele. Por exemplo, sucata industrial ou detrito orgânico doméstico, acumulados junto de um manancial, não constituem apenas uma questão biológica, física, química, nem só sociológica, ambiental, cultural, nem tampouco só ética e estética, pois abarcam tudo isso e mais que isso.[11]

Mas não procure o leitor muito mais do que isso, pois a colheita será magra. A Matemática voltaria em breve a viver em solidão didática, como veremos a seguir.

O segundo afloramento da interdisciplinaridade

A segunda onda de caracterizações da interdisciplinaridade ocorreu em 2006, com a publicação das Orientações Curriculares Nacionais (OCN). Aparecem ali passagens tão ou mais genéricas do que as anteriores, dos PCN. A observação mais ampla propõe que a organização curricular tenha como um de seus componentes o "planejamento e desenvolvimento orgânico do currículo, superando a organização por disciplinas estanques", bem como "integração e articulação dos conhecimentos em processo permanente de interdisciplinaridade e contextualização". Repete-se aqui o diagnóstico implícito da realidade curricular brasileira: uma escola de "disciplinas estanques", "isoladas", "voltadas para si mesmas". A solução proposta é expressa, nas OCN, por meio dos seguintes verbos: *integrar, articular, relacionar, conectar, vincular*. E essa integração seria feita mediante "propostas de interdisciplinaridade, transdisciplinaridade, transversalidade".[12] As expressões surgem como um rol de reis assírios, sonoras, belas, mas magras. Um dos trechos mais interessantes nos adverte que não se deve

> [...] esperar que a interdisciplinaridade aflore por si só, sem que haja um movimento para isso e independentemente do contexto das disciplinas. Cada disciplina possui características e assuntos que lhe permitirão conexões com outras disciplinas com maior ou menor facilidade.[13]

Aqui faísca um ouro. O curriculista entrevê o labor da epistemologia, muito embora ele seja apenas insinuado e os exemplos continuem um tanto acacianos. O leitor das OCN vai descobrir que "em Biologia é mais frequente haver conexões com assuntos da Química ou da Física, mesmo porque os temas dessas três disciplinas são trabalhados em uma mesma área de conhecimento no ensino fundamental: Ciências".[14]

Algumas páginas depois encontramos outra passagem que traz uma boa caracterização do drama curricular:

> A interdisciplinaridade é muitas vezes confundida com o trabalho coletivo ou como oposição às disciplinas escolares. Sabe-se que cada disciplina científica possui enfoques particulares, recortes dessa natureza que conduzem a uma organização de saberes padronizados passíveis de serem comunicados. A interdisciplinaridade não é a busca de uma unificação desses saberes, pois admitir isso seria negar aspectos históricos e epistemológicos da construção desse conhecimento e negar as características específicas, com objetos de estudo bem definidos, como a Física, a Química e a Biologia.[15]

Vejamos com quem o curriculista está conversando. Trata-se de alguém que

- muitas vezes confunde interdisciplinaridade com trabalho coletivo;
- muitas vezes vê a interdisciplinaridade como oposta às disciplinas particulares;
- algumas vezes busca o ideal da unificação dos saberes;
- algumas vezes é capaz de negar as características específicas de disciplinas como Física, Química, Biologia.

São muitos os entraves no trabalho do currículo, mas há um consolo. Na passagem anteriormente citada ocorreu a expressão "epistemologia". É possível que seja a primeira vez em que ela consta (descontado o parecer de Guiomar Namo de Mello, que o prepara) em um documento educacional brasileiro. E o consolo segue, pois logo adiante temos uma boa inspiração. O curriculista esclarece que a interdisciplinaridade é um tipo de competência crítico-analítica de representar aqueles aspectos da realidade que não cabem em uma disciplina particular e que, por isso mesmo, a obtenção dessa competência não surge da justaposição das disciplinas:

> O quanto será ultrapassado do limite de cada disciplina dependerá do projeto inicialmente elaborado. O objeto de estudo é o mesmo, mas levará a um novo saber, que não é necessariamente o da Física, da Química ou da Biologia, mas um saber mais amplo sobre aquela situação, aquele fenômeno. Essa interpretação da interdisciplinaridade pertence ao campo epistemológico, pois é a própria complexidade do objeto que se pretende conhecer que exige ultrapassar fronteiras disciplinares.[16]

Eu não diria melhor, porém mais não é dito nas centenas de páginas das Orientações Curriculares Nacionais. E não creio que devamos comemorar que o surgimento da epistemologia como uma referência na reflexão curricular brasileira tenha tido que esperar o século XXI.

O mistério da multiplicação das áreas de conhecimento

O outro capítulo dessa história ocorreu em 2012, com a divulgação da Resolução 02 do Conselho Nacional de Educação, e pode ser visto como um sintoma da baixa densidade conceitual de nossas políticas públicas. Aprovadas as Diretrizes Curriculares Nacionais do Ensino Médio, alguns anos depois e sem nenhum argumento, *voltaram* as quatro áreas; a Matemática volta, assim, ao isolamento didático, *sem nenhuma justificativa*.

Faço um resumo. Em 1998 o parecer de Guiomar Namo de Mello aglutinou a Matemática na área de Ciências da Natureza, com a pequena justificativa que indiquei anteriormente. Em 2000, nos PCN, a lista de três áreas foi mantida. Em 2011, por meio do Parecer 05/2011 e da Resolução 02/2012, a Matemática voltou a ser uma área à parte. O parecerista (José

Fernandes de Lima) não fez referência nem ao desmembramento anterior, promovido por sua colega, nem apresentou qualquer justificativa para que a Matemática voltasse a ser uma área isolada.

Vamos agora aos detalhes. Em 2011, o ensino médio foi reformulado. O conselheiro que redigiu o Parecer CNE/CEB 05/2011, as "Diretrizes Curriculares Nacionais para o ensino médio", elencou 20 justificativas para a revisão ali proposta. Depois de uma longa seção sobre a organização curricular do ensino médio, com referências à interdisciplinaridade, surge, literalmente do nada, uma alteração nas áreas de conhecimento que haviam sido consagradas nos PCN e nas Orientações Curriculares de 2006. Nesses dois documentos, falava-se em três áreas de conhecimento (Linguagens, Ciências Naturais e Matemática e Ciências Humanas). O Parecer 05/2011 desdobra a área de Ciências Naturais e Matemática em duas. Ficou, assim, estabelecida a organização do currículo nas quatro áreas que temos atualmente.[17] Esse episódio é revelador da precariedade com que o tema da natureza do conhecimento e o da interdisciplinaridade escolar têm sido tratados entre nós. O Conselho Nacional de Educação parece supor como evidente tanto a epistemologia que preside a aglutinação dos conhecimentos escolares quanto aquela que rege o desdobramento deles. Não é de admirar que a aglutinação ou a separação das disciplinas seja desprovida de efeitos práticos na sala de aula.

O agrupamento dos componentes curriculares em áreas de conhecimento começou com a Resolução 03/98. Foram fixadas ali as expressões correspondentes a três áreas: Linguagens, Códigos e suas tecnologias; Ciências da Natureza, Matemática e suas tecnologias; e as Ciências Humanas e suas tecnologias. No documento preparatório dos PCN, de autoria de Guiomar Namo de Mello, o argumento para a presença da Matemática junto às Ciências da Natureza foi o fato de ela estar isolada no contexto escolar. Ora, considerando que 11 anos depois a Matemática voltou a ser uma área à parte, seria de esperar que os documentos que promoveram isso oferecessem uma avaliação e justificativa para a mudança. Não há uma linha que justifique a alteração. O conselheiro que redigiu o parecer das áreas curriculou sem explicar.[18]

Em 2016, o quadro de componentes obrigatórios para o ensino médio era este:

I. Na área de Linguagens: Língua Portuguesa; Língua Materna, para populações indígenas; Língua Estrangeira moderna; Arte, em suas diferentes linguagens: cênicas, plásticas e, obrigatoriamente, a musical; Educação Física.
II. Na área de Matemática: Matemática.
III. Na área de Ciências da Natureza: Biologia, Física, Química.
IV. Na área de Ciências Humanas: História; Geografia; Sociologia; Filosofia;

A essa lista deve-se acrescentar a Língua Espanhola, de oferta obrigatória pela unidade escolar e facultativa para o estudante e, ainda, tópicos de educação alimentar e nutricional; processo de envelhecimento, respeito e valorização do idoso; educação ambiental; educação para o trânsito; educação em direitos humanos. Por lei, a escola deve incluir esses tópicos no seu planejamento curricular, com tratamento transversal e integrado.

O estado das coisas curriculares entre nós incluiu a discussão sobre o possível enviesamento da proposta da Base Curricular Nacional em disciplinas como a de História. Foi dito na época que os proponentes da Base Curricular, em sua primeira versão, privilegiaram os conteúdos de História do Brasil em detrimento de conhecimentos históricos mais amplos. O debate teria sido mais rico se as pessoas tivessem prestado atenção aos termos da Resolução de 2012 que estou discutindo aqui. Ela diz claramente, no artigo 9, que

> A legislação nacional determina componentes obrigatórios que devem ser tratados em uma ou mais das áreas de conhecimento para compor o currículo:
> I – são definidos pela LDB:
> c) o ensino da História do Brasil, que leva em conta as contribuições das diferentes culturas e etnias para a formação do povo brasileiro, especialmente das matrizes indígena, africana e europeia;
> d) o estudo da História e Cultura Afro-Brasileira e Indígena, no âmbito de todo o currículo escolar, em especial nas áreas de Educação Artística e de Literatura e História brasileiras;

Assim, o grupo que fez a proposta da Base Curricular Nacional para a disciplina da História, a meu juízo, apenas cumpriu ao pé da letra algo que vinha sendo desenhado e dito claramente desde a LDB, em 1996. A letra revelou-se enviesada apenas para a imensa maioria das pessoas que não fazem ideia do estado de nossa arte curricular.

O resgate do uno

Se você acha que estou exagerando, não perde por esperar. A Secretaria da Educação do Estado do Rio Grande do Sul patrocinou uma demonstração singela da penúria curricular que assola o país por meio de um documento orientador do ensino médio, que visava apresentar possibilidades de trabalho interdisciplinar. Como é de costume, o autor começa com reflexões sobre a *pluri*, *multi*, *inter* e *trans*disciplinaridade, para depois ressaltar as dificuldades encontradas pelo pensamento dialético que deve buscar a boa relação entre as Partes e o Todo: o currículo, "uma realidade construída socialmente", deve nos levar a reconhecer o todo no interior das partes e as partes no interior do todo. Isso não é fácil. É preciso identificar o que cabe a cada componente curricular e, mais importante ainda, "evitar o predomínio de um componente curricular em detrimento dos demais". Essa é uma das dificuldades, segundo o autor, para o trabalho interdisciplinar. Deixo que ele fale:

> Uma base objetiva dessa dificuldade é o estabelecimento de hierarquias e condições desiguais entre os componentes curriculares e mesmo entre áreas do conhecimento, o que acaba evidenciando inclusive a ideia de que determinados componentes curriculares expressam certas partes de saberes como mais importantes do que outros componentes e saberes, *e visivelmente no topo dessa hierarquia estão a língua portuguesa e a matemática, o que gera intensos desconfortos em escolas, entre professores,* [...]. Assim, a ação fragmentária, que divide o conhecimento em partes esfareladas, faz que a própria escola se torne fragmentada, e, no limite dessa condição, torna o humano e o indivíduo fragmentados, sendo levados a agir nesse mesmo referencial. O doloroso dessa situação é que o indivíduo fragmentado não consegue estabelecer relações das partes com o todo. O professor fragmentado não consegue reunir resultados produzidos pelos alunos com seu processo de construção e sua lógica explicativa. Portanto, a postura interdisciplinar necessita proceder

à desfragmentação, unir as partes, resgatar o uno, exercendo nesse caso uma função de cimentação do todo, pois o que caracteriza o saber científico é a capacidade de inter-relacionar partes segmentadas. (Prado Jr., 1980).[19]

O que o autor está querendo dizer parece ser isso:

- os componentes curriculares não admitem hierarquias entre si;
- os componentes curriculares, pelo fato de não comportarem hierarquias entre si, não podem ter condições desiguais de tempo escolar;
- não há uma parte do saber mais importante do que outra;
- Português e Matemática pretendem ocupar o topo de uma inexistente hierarquia entre os componentes curriculares;
- as pretensões de hierarquia entre as disciplinas geram desconforto nas escolas e dificultam a implementação das políticas públicas;
- esse fato provoca ações fragmentárias, divide o conhecimento em partes esfareladas, torna a escola esfarelada, faz com que o ser humano, professores e alunos sejam fragmentados;
- a interdisciplinaridade é um instrumento de desfragmentação, de "resgate do uno";
- o que caracteriza a ciência é a capacidade de inter-relacionar partes segmentadas.

É evidente que o autor discute o currículo a partir de uma epistemologia muito piedosa, que inclui observações ainda mais misericordiosas do que as da passagem anterior, sobre a prepotência da ciência como a "nova teologia", sobre a cisão entre ciência e senso comum ou entre o conhecimento escolar e o conhecimento popular.

Vale aqui um lembrete. Há uma margem de negociação quanto às cargas horárias das disciplinas, e os professores podem exigir para si mais ou menos cargas horárias. Não é raro que disciplinas recém-chegadas ao currículo façam queixas sobre o predomínio da Matemática, da Física ou da Língua Portuguesa. Podemos imaginar aqui a situação na qual uma escola, alheia a qualquer discussão sobre epistemologia e currículo, decidisse zerar as tradições nela vigentes. Afinal, vimos anteriormente que um documento oficial discute essa possibilidade. Pense em um debate sobre as cargas horárias ideais de cada disciplina, a partir do espírito do documento que citei. Poderíamos chegar a uma posição radical que postularia a igualdade de direitos entre as disciplinas e, portanto, uma divisão igualitária das cargas horárias: divide-se o número de disciplinas pela disponibilidade de horas na semana escolar e *voilà*, teríamos uma espécie de democracia epistemológico-curricular. A premissa dessa posição seria a crença de que todas as disciplinas são igualmente importantes e nenhuma pode ter privilégios quanto ao tempo escolar. Tal crença na igualdade democrática das disciplinas implicaria um conjunto adicional de crenças sobre a natureza e o papel delas no crescimento e na formação humanas. Ora, estaríamos aí no núcleo duro de uma discussão de epistemologia e currículo, no início de uma longa conversa sobre a natureza dos conhecimentos, habilidades e competências que queremos promover na escola. Seriam necessárias melhores evidências de nossa penúria do que trechos como o que citei e a simples possibilidade de essa "democracia epistemológica" ser defendida?

NOTAS

[1] Brasil, *Parâmetros Curriculares Nacionais para o ensino médio*, Brasília, MEC/Secretaria da Educação Média e Tecnológica, 2002a, p. 2.

[2] Brasil, *Parâmetros Curriculares Nacionais (ensino médio)*, 2000, Brasília, MEC, p. 21. Grifo meu. Segue a definição: "Em suma, a interdisciplinaridade tem uma função instrumental. Trata-se de recorrer a um saber diretamente útil e utilizável para responder às questões e aos problemas sociais contemporâneos. Na proposta de reforma curricular do Ensino Médio, a interdisciplinaridade deve ser compreendida a partir de uma abordagem relacional, em que se propõe que, por meio da prática escolar, sejam estabelecidas interconexões e passagens entre os conhecimentos através de relações de complementaridade, convergência ou divergência." Trata-se, como o leitor pode ver, de uma caracterização bem razoável, pois não denigre o conhecimento disciplinar. Ela é vaga, mas aponta para uma boa direção, na medida em que enfatiza a natureza metodológica e instrumental do conceito e a necessidade de que ele se materialize em algum objeto pedagógico.

[3] Brasil, Resolução 03/98, CEB.

[4] Idem.

[5] O ciclo de surgimento dos Parâmetros começa antes e se estende até o ano 2000, na seguinte sequência: em 1977, PCN de primeira a quarta série, com 10 volumes. Em 1998, PCN de quinta a oitava, com 10 volumes. Em 2000, PCN do ensino médio, com 6 volumes, a saber: Volume 1: Ciências da Natureza, Matemática e suas tecnologias. Volume 2: Ciências Humanas e suas tecnologias. Volume 3: Linguagens, Códigos e suas tecnologias. Volumes 4, 5, 6: PCN+.

[6] Brasil, op. cit., 2002a, pp. 18-9.

[7] Parecer 15/1998, "Diretrizes Curriculares para o ensino médio", p. 75. Não fica claro no Parecer o que seria uma "visão orgânica do conhecimento".

[8] Idem.

[9] Idem, ibidem, p. 93. Grifo meu.

[10] PCN, v. 1, p. 10. Grifo meu.

[11] Veja no PCN, v. 3, pp. 14 ss.
[12] Brasil, *Orientações Curriculares para o ensino médio*, Brasília, MEC/Secretaria de Educação Básica, 2006, v. 1, p. 94.
[13] Idem, ibidem, v. 2, p. 37.
[14] Idem, ibidem.
[15] Idem, ibidem, p. 51
[16] Idem, ibidem, p. 52. O que eu não disse até agora foi que os três volumes das Orientações Curriculares Nacionais são compostos pelos documentos das disciplinas que foram produzidos, desta vez, na solidão de cada uma delas. O fato é facilmente perceptível e não escapa nem a um leitor desatento, pois cada disciplina tem sua tradição de estudos de currículo e didática. Há documentos maduros e muito bem elaborados – não por acaso isso é exemplificado pelas disciplinas que criaram, para seu próprio uso, *sociedades de ensino* –, e outros que mostram o grau ainda incipiente da reflexão na área.
[17] Está em curso, em 2017, na Medida Provisória que reforma o ensino médio, uma nova revisão da nomenclatura de áreas. E mais uma vez não há explicações ou justificativas que não a vontade do relator.
[18] Pensando na atualidade dos debates sobre a Base Curricular Nacional Comum e no leitor que não está familiarizado com a legislação educacional, transcrevo os artigos sétimo e oitavo da Resolução 02/2012: "Art. 7º – A organização curricular do Ensino Médio tem uma base nacional comum e uma parte diversificada que não devem constituir blocos distintos, mas um todo integrado, de modo a garantir tanto conhecimentos e saberes comuns necessários a todos os estudantes, quanto uma formação que considere a diversidade e as características locais e especificidades regionais.
Art. 8º – O currículo é organizado em áreas de conhecimento, a saber: I– Linguagens; II – Matemática; III – Ciências da Natureza; IV – Ciências Humanas.
§ 1º O currículo deve contemplar as quatro áreas do conhecimento, com tratamento metodológico que evidencie a contextualização e a interdisciplinaridade ou outras formas de interação e articulação entre diferentes campos de saberes específicos.
§ 2º A organização por áreas de conhecimento não dilui nem exclui componentes curriculares com especificidades e saberes próprios construídos e sistematizados, mas implica no fortalecimento das relações entre eles e a sua contextualização para apreensão e intervenção na realidade, requerendo planejamento e execução conjugados e cooperativos dos seus professores."
[19] O documento intitula-se "Reestruturação do ensino médio: pressupostos teóricos e desafios da prática", disponível em <www.educacao.rs.gov.br/pse/html/textos_fundo.jsp?ACAO=acao1>, acesso em 14 mar. 2017. A passagem citada está na página 146. O texto de Prado Junior que o autor cita é a *Dialética do conhecimento*, cuja primeira edição é de 1952. Grifos meus.

TERCEIRA PARTE: REUNINDO LEMBRANÇAS

Houve uma época em Zilbra em que nem todas as crianças iam à escola. Elas podiam escolher, com a benção familiar, se preferiam estudar ou trabalhar. Aqueles que decidiam estudar, no entanto, não tinham vida fácil. Ainda em tenra idade tinham que enfrentar um Exame de Admissão para continuar na escola depois que fossem aprovados nas séries iniciais. Quem não passava no Exame tinha a vida estudantil interrompida, a escola de Zilbra não era para todos. Um dia o exame foi abolido e mais crianças foram para escola. Tempos depois chegaram palestrantes do além-mar que garantiram que a escola era um Aparelho que apenas ensinava as crianças a ler, escrever, fazer contas e reproduzir as iniquidades vigentes. Uma autoridade municipal, ao ouvir essas Verdades Internacionais, fez algumas contas e concluiu que faltavam quatro desses Aparelhos em sua região. Outra autoridade vizinha concluiu que os poucos Aparelhos desse tipo que existiam em seu município padeciam de sérios defeitos de funcionamento, pois as crianças formavam-se lendo mal, escrevendo pior e não faziam boas contas. Quanto às iniquidades vigentes, não era preciso muito esforço para aprender a desconfiar delas, pensavam as autoridades municipais.

TERCEIRA PARTE
REUNINDO LEMBRANÇAS

PRIMEIRA SÉRIE DE LEMBRANÇAS

A fogueira das teorias

Até pouco tempo, a escola brasileira era para poucos. Hoje vivemos o momento de sua universalização. Há problemas sérios, em especial aqueles que dizem respeito à baixa aprendizagem nas séries iniciais, os altos índices de reprovação e de abandono e a retenção interna no sistema. Estamos longe de atingir metas razoáveis de compatibilidade entre a faixa etária do aluno e a escolaridade e, aproximadamente, metade dos jovens de 15 a 17 anos não está matriculada no ensino médio. Assim, falta muito para que possamos dizer que temos uma escola pública de qualidade, mas a discussão em torno desses problemas, ao menos agora, é persistente e inclui com vigor cada vez maior a questão do regime de trabalho, salários, as deficiências de infraestrutura da escola.

Ocupo-me aqui, no entanto, dos temas ligados a um certo extravio de nossa pequena tradição didática e curricular. A mais grave delas diz respeito ao próprio sentido da escola. Na fogueira das teorias que foram criadas para dar conta dos problemas que surgiram quando da expansão da escolaridade como um serviço público, a escola saiu queimada. Basta lembrar as levas de autores que trouxeram o evangelho da crítica e do reprodutivismo: Bourdieu, Passeron, Althusser, Baudelot, Establet, houve corte e feitio para todo gosto. Depois vieram os pós-críticos e depois deles os pós-pós-críticos. Nesse meio tempo, Paulo Freire pontificou que ninguém educa ninguém. Ao cabo de cada uma dessas ondas, o pouco que havia de propostas didático-pedagógicas comprometidas com o conhecimento escolar foi sendo eliminado por uma sociologia do conhecimento mal absorvida. A palavra de ordem passou a ser a preservação da autoestima do educando, cuja avaliação devia ser aligeirada. A escola deixava de ser um lugar de aprendizados efetivos para ser um espaço de acolhimento, que tinha dificuldade em ir além da reiteração do cotidiano. Havia o lema freiriano: o trabalho do educador consiste em devolver ao povo, de forma "organizada, sistematizada e acrescentada", "aqueles elementos que este lhe entregou de forma desestruturada". A escola, assim rebaixada, deixou de ser escola.[1] Os conteúdos e as disciplinas foram aos poucos relegados ao sol da boa vontade do professor. As leis, por sua vez, adotaram, grandiloquentes, outra linguagem, e começaram a falar em atividades, áreas de conhecimentos, temas transversais e interdisciplinaridade. A perda de objeto foi compensada pelo discurso.

Eu sugeri anteriormente a direção de uma crítica à perda de identidade da escola, que passou a ser vista menos como o lugar de aprendizagens complexas e mais como um espaço de reificação dos valores do cotidiano. Mas apontar para o passado não nos leva adiante. Não vejo saídas para nossa crise, no entanto, que não sejam aquelas do trabalho miúdo no campo do currículo, da Pedagogia e da avaliação, um trabalho vagaroso, que pode ser animado com a lembrança de que "é certo que quem anda devagar às vezes não alcança a meta, mas quem corre demais muitas vezes também pode passar por ela sem parar".[2]

O que escrevo nesta terceira parte do livro destoará bastante em relação às duas primeiras, pois o que vou fazer aqui é uma reunião de lembranças para certas finalidades.

Nascimentos

Os aprendizados de uma criança no âmbito da família e de seus vizinhos de rua, por mais universais que sejam, são marcados pela particularidade e pelo colorido das situações vividas, pela força e presença dos seus outros significativos. Na internet, é mais provável que ela visite os mesmos lugares clicados pelos seus pares e próximos. De que modo ela pode sair do casulo comunitário e fazer contato com alguma universalidade? Eu destaquei anteriormente as elaborações de Thoreau sobre isso.

Aqui lembro de Hegel. Ele também refletiu sobre a oportunidade humana de nascer duas vezes. Hegel compreendeu a Pedagogia como aquela arte que torna possível que os homens venham a ser seres éticos. Em *Princípios da filosofia do Direito*, ele escreve que a Pedagogia "considera o homem como natural e a ele mostra o caminho para voltar a nascer, para transformar sua primeira natureza em uma segunda natureza espiritual, de tal maneira que o espiritual se converta em um hábito".[3]

A família é o espaço em que o indivíduo inicia seu percurso na comunidade e, nesse sentido, ela é a primeira instituição social, o "espírito ético imediato ou natural", como Hegel diz no parágrafo 157. O autor apanha, no seu fraseado, o fato geral e trivialmente verdadeiro de que a família é o lugar de relações humanas hierarquizadas naturalmente pelas posições e histórias de vida de seus membros e, em decorrência disso, pelos mandos e desmandos no interior do grupo parental. Com a escola, surge, literalmente, um outro mundo. A experiência escolar, na vida de uma criança, representa a primeira oportunidade de vivências de isonomia social e de direitos explícitos, escritos em terceira pessoa. A escola, como venho insistindo, é o lugar da aprendizagem da cultura que uma geração considera valiosa, digna de ser herdada, e é por isso que quando falamos dela como um lugar de transmissão a expressão falha e precisamos acrescentar: ela é um espaço de comunhão, partilha, entrega.

O portal da escola

Comecemos pelo prosaico portão da escola, o portal de passagem da criança para um espaço onde não pode valer a força do parentesco ou do braço. A escola oferece a ela a experiência de outro mundo possível, no qual as hierarquias estão ligadas às regras claras de uma instituição responsável pelas aprendizagens complexas que não ocorrem na rua.

A criança aprende todos os dias desde que nasce. Com um pouco de sorte, aprende bem e bom. Quase sempre são aprendizagens aqui e ali, ao sabor das horas, na casa e na rua. É na escola que pode acontecer, de modo sistemático, o contraste com as aprendizagens na casa e na rua. A vivência desse contraste entre a casa, a rua e a escola oportuniza o enriquecimento de sua compreensão sobre o significado de direitos e deveres impessoais. A escola não grita; ali as coisas são ditas e os mistérios do feijão e da vida podem ser introduzidos. A escola não é apenas um lugar onde a criança vai para aprender a ler, escrever e contar. Ela pode ser o lugar de apresentação de um mundo novo e diferente, no qual a cor da pele, o formato dos olhos e o tipo de roupa não devem contar na lista dos méritos pessoais. A escola é a primeira possibilidade de vivência de um âmbito de socialização que não é melhor nem pior do que as vivências familiares e de grupos; ele é diferente e essencial para a vida da criança.

Na escola a criança encontra o professor e os saberes. Qual o simbolismo deles? A ocupação do professor é das mais singulares. Sua raiz é o fato trivial que a condição humana exige o provimento de cuidados de crescimento e de aprendizagens por um longo período. Sem nossos aprendizados junto à geração que nos trouxe ao mundo, somos nada; eles são parte essencial de nossas vidas, pois somos de uma longa história. Há quem diga que o professor, cada vez mais, será dispensável, pois os aprendizados serão transformados pelos recursos virtuais, tutoriais, pela autoaprendizagem, pelo ensino a distância. Não há como negar a potência desses recursos e da imensa disponibilidade de informações na rede mundial de computadores e em todos os tipos de aplicativos voltados para o ensino. O problema, no entanto, é que quanto mais cresce a disponibilidade de informações e recursos na internet, mais difícil é o trabalho de curadoria, de identificação da relevância daquilo que nela surge. Os professores – e sua mística – somente desaparecerão no dia em que estiver escrito na face de cada pedaço de informação a respectiva metainformação sobre a relevância e pertinência daquele pedaço. E assim por diante, em um regresso infinito. Os professores serão dispensáveis no mesmo momento em que não precisarmos mais de nenhuma forma de jornalismo. Uma das virtudes do jornalismo deve ser a confiabilidade do que publica, pois a regra manda que cada informação, antes de ser divulgada, seja cuidadosamente conferida. Em um mundo de abundância de possibilidades de conhecimentos, o bom professor tem a visão estereoscópica: um olho no geral, nas possibilidades de conhecimentos relevantes e pertinentes, e outro olho no particular, na ontogênese à sua frente. Ele nunca será dispensável. E se você for um adepto de *homeschooling*, é evidente que não na função de pai ou mãe que você faz a curadoria do currículo para seus filhos: você assume o papel que descrevo aqui, da escola, do professor, do portal.

NOTAS

[1] Mais uma vez, veja como Paulo Freire sofreu uma leitura anacrônica: "De acordo com as teses centrais que vimos desenvolvendo, pareceu-nos fundamental fazermos algumas superações, na experiência que iniciávamos. Assim, em lugar da escola, que nos parece um conceito, entre nós, demasiado carregado de passividade, em face de nossa própria formação (mesmo quando se lhe dá o atributo de ativa), contradizendo a dinâmica fase de transição, lançamos o *Círculo de Cultura*. Em lugar de professor, com tradições fortemente 'doadoras', o *Coordenador de Debates*. Em lugar da aula discursiva, o *diálogo*. Em lugar do aluno, com tradições passivas, *o participante de grupo*. Em lugar dos 'pontos' e de programas alienados, programação compacta, 'reduzida' e 'codificada' em unidades de aprendizado." Essa passagem está em *Educação como prática da liberdade* (Rio de Janeiro, Paz e Terra, 1983, p. 103). Mais uma vez estaria tudo bem se essas afirmações fossem lidas com a devida consideração do contexto em que elas foram escritas. O que ocorreu, no entanto, foi a projeção delas em outros espaços semânticos que pouco tinham a ver com o trabalho político para o qual elas foram concebidas.

[2] S. Kierkegaard, *Migalhas filosóficas ou um bocadinho de filosofia de João Clímacus*, trad. Ernani Reichmann e Álvaro Valls, Petrópolis, Vozes, 1995.

[3] G. Hegel, *Princípios da filosofia do Direito*, trad. Orlando Vitorino, Lisboa, Livraria Martins Fontes, 1976, p. 152.

SEGUNDA SÉRIE DE LEMBRANÇAS

A sala de aula é currículo

Você é um professor experiente, com anos de prática. No primeiro dia letivo, sem ter visto antes nenhum de seus novos alunos, já conhece um pouco cada um deles. Basta que eles escolham seus lugares na sala. Você sabe que ninguém faz isso aleatoriamente. A carteira que cada um ocupa diz algo sobre a personalidade e as expectativas daquele que ali senta. A ocupação dos espaços na sala é feita a partir de uma dinâmica psicológica que você compreende intuitivamente. Para os alunos, a sala de aula é um espaço de vivências de territorialidade que levará em conta a arquitetura e as expectativas sobre o comportamento do professor e dos demais colegas.

As salas de aula normalmente são retangulares, com janelas de um lado, para o pátio ou para a rua, com carteiras enfileiradas e a mesa do professor na frente. Cada lugar propicia condições mais ou menos favoráveis para o exercício dos muitos papéis possíveis naquela pequena comunidade: os candidatos a líderes pela força, a turma da maçã, o saco de pancadas, os capangas do alfa, o invisível e assim por diante. O candidato a chefete pela força costuma sentar-se em um dos cantos do fundo. Ele prefere a carteira perto da janela, aquela que tem vista para fora. De costas para a parede, ele controla o ambiente e pode jogar bolinhas de papel sem ser visto pelos colegas. Os candidatos a capangas ocupam as cadeiras ao redor, sempre com as costas protegidas por uma parede. Longe dali, a primeira fila é a da turma da maçã, protegida e recompensada pela voz baixa do professor quando a bagunça é grande. No meio está o saco de pancadas da turma, que ocupa o ponto mais frágil da sala, pois não tem o amparo do professor e está sujeito ao ataque que vem por trás. Ao lado dele senta-se o invisível.

Se a sala de aula fosse comparada a um jogo de futebol, com os alunos de um lado e o professor do outro, seria um jogo muito estranho. Ele começaria sempre com o placar de um a zero a favor dos alunos. Eles saem sempre na frente porque ocuparam o campo antes e escalaram suas posições. Algumas poucas escolas, cientes dessas práticas de territorialidade, não permitem que os alunos se sentem onde querem. Outras, mais ousadas, eliminam as carteiras enfileiradas. São poucas, no entanto, pois qualquer mudança feita no enfileiramento exige mudanças na pedagogia, por vezes também no currículo. E é sempre mais fácil administrar o currículo por meio de uma pedagogia enfileirada. A arquitetura mostra facilmente que o lugar da carteira na escola é um acontecimento pedagógico relevante, mas, por mais importante que isso seja, é mais fácil varrer esse fato para baixo do tapete didático. Entramos na sala de aula com os dados lançados contra nós.

Há outro caso. Você é um professor inexperiente e não foi encorajado a intervir nesse território já dominado pelos estudantes. É um tanto inevitável que comece reforçando sua defesa. O outro time já combinou que você pode ocupar o espaço entre a mesa e o quadro verde. Em algumas ocasiões especiais poderá caminhar entre as filas de carteiras. Os outros jogadores seguem entrincheirados, alguns como quiseram, outros como puderam. Nesse pacto silencioso, a meninada conquista o espaço a duras e macias penas: chegando mais cedo, olhando feio, empurrando, cada estudante quer ocupar o lugar que diz algo sobre ele, como se a sala de aula fosse também um território no qual as pequenas hierarquias devem ter uma efígie espacial. O professor inexperiente respira fundo e faz o que pode. Ele nunca pensou sobre a sala de aula sob o ponto de vista da etologia, nem nunca lhe falaram sobre essas coisas nos cursos de formação.

O animal territorial delimita uma área de poder. Ele faz isso com vocalizações, urina, defecação, empurrões. Ele defende sua área contra a presença de outros exemplares de sua própria espécie ou, ocasionalmente, de outras. A territorialidade, em um sentido diferente, também diz respeito ao estabelecimento de um perímetro de alerta para a fuga. Esse fenômeno, mais generalizado, é também conhecido como "distância de fuga". Ela indica o quanto um animal permite a aproximação de outros, em especial de outras espécies.

O ser humano não é um animal territorial, no sentido forte em que essa expressão é usada na etologia. Os comportamentos que mencionei não caracterizam de modo significativo as nossas relações com o espaço. No nosso caso, precisamos lançar mão de um conceito fraco de territorialidade, mas igualmente interessante e relevante no cotidiano escolar. Desmond Morris deveria ser uma leitura de formação para nós, professores, mas normalmente estamos muito ocupados com o Poder com maiúsculas.

Nossa corporalidade, em um sentido trivial, implica algum tipo de comportamento espacial revestido de significado. Essa dimensão de sentido da territorialidade humana se revela claramente, por exemplo, nas negociações que fazemos em torno da aproximação de nossos corpos aos outros de nossa espécie. Não há um padrão rígido para isso, mas existem distâncias protocolares para as mais diversas situações; devemos ficar distantes de um desconhecido se estamos em um espaço muito aberto, mas podemos roçar livremente em alguém no aperto de um metrô na hora do pico. Quando sentamos em uma sala de cinema vazia, ficamos preocupados se um outro espectador, desconhecido, sentar ao nosso lado; ele, no entanto, será aceito sem problemas se o assento ao lado for o único a sobrar na sala. Aqui podemos também lembrar sobre as distâncias que respeitamos ou ignoramos nos elevadores cheios ou vazios, nas ruas desertas ou apinhadas de gente; essas situações nos lembram de que também guardamos distâncias de fuga.

As salas de aula, no entanto, são palco de mais coisas do que essas. Junto a essa consciência de território, a sala de aula é um palco para os pequenos jogos de hierarquia social para os pequenos exercícios de vontade de prestígio e submissão. Nela, existem os lugares de poder, junto aos cantos do fundo, os lugares frágeis, no meio da sala, os lugares que sinalizam a colaboração irrestrita, na fila da frente. No recreio, o menino franzino recua diante do peito erguido do grandalhão; na rua, o motorista assustado curva-se diante do guarda com o bloco de multas; por vezes o infrator decide desafiar o guarda de trânsito. O desafiante coloca sua face em plano paralelo frontal com o desafiado e pode mesmo sinalizar ainda mais sua determinação de enfrentamento erguendo ligeiramente seu queixo.

Os sinais de dominação e ocupação territorial não dependem da troca verbal. Isso nos importa aqui porque uma descrição da sala de aula deve prestar atenção aos processos de comunicação não verbal entre os seres humanos. O simples fato da existência desses processos deve nos advertir sobre o cuidado que temos de ter com eles em uma teoria da sala de aula. O lugar ocupado pelos alunos, a postura de cada um, a forma como oferecem suas faces uns aos outros são elementos preciosos para que, sem uma palavra, o professor saiba muito sobre cada um sem nada perguntar a ninguém.

O professor, na mesma linha de cuidados, presta atenção às expressões faciais, ao comportamento de olhar de seus alunos; para onde, quando e quanto eles olham. A comunicação entre nós começa no olhar, mas continua na voz (nos elementos paralinguísticos, como altura e tom), na gesticulação e trejeitos que fazemos falando ou calados; e cada aluno, na ausência da padronização imposta pelos uniformes escolares, fala através de um arsenal de mensagens transmitidas pela cor, corte e penteado do cabelo, tatuagens, adornos, boinas, bonés, brincos, *piercings*, sem esquecer do guarda-roupa inteiro ou da relativa ausência dele.

Duas arquiteturas na sala de aula

A sala de aula tem duas arquiteturas. Uma delas é visível à luz dos olhos e a outra à luz do espírito. A primeira é imaginada pelos arquitetos e executada pelos construtores. A outra é percebida pelos pedagogos que não renunciam à profissão e é constituída pelos vários aspectos espirituais da sala de aula.

Em primeiro lugar estão os aspectos jurídicos e institucionais inerentes à escola. Sobre a sala de aula pendem forças de natureza legal que são essenciais na sua constituição como um contraponto à sociedade familiar. Para que se materialize essa dimensão de ultrapassagem da voz particular da família, a escola organiza-se a partir do consenso possível sobre as aprendizagens valiosas que ela deve promover para levar uma criança até a dimensão universal dos conhecimentos humanos. Surge, assim, o espaço cognitivo ampliado, que nos conecta com o passado da humanidade e com os possíveis. É nessa direção que ela se caracteriza como uma instituição social cujo lugar é essencial nas complexas sociedades modernas. A sala de aula, no entanto, é também o palco de processos inevitáveis de desenvolvimento pessoal das crianças; cada uma delas experimenta ali o caminho por vezes tortuoso da ontogênese. É nesse espaço que podem ocorrer os episódios nos quais ela faz a comparação dos valores familiares e comunitários com a dimensão universal do conhecimento e dos valores. Mas não é só isso. A escola proporciona vivências únicas de relacionamento e de novas formas de hierarquias sociais, que não são apenas acréscimos às vivências familiares anteriores. Por fim, a sala de aula recebe e modula, em medidas variadas, os impactos do mundo. De certa forma, sua existência consiste exatamente em ser uma espécie de dosagem do mundo. A criança e o adolescente, em um sentido muito preciso, precisam ser, simultaneamente, *protegidos* do mundo adulto e *introduzidos* nele. É a complexidade dessa tarefa que exige uma instituição sofisticada como a escola.

Toda atividade regular de ensino precisa levar em conta, em maior ou menor grau, com maior ou menor explicitação, essas dimensões do currículo, que um dia foram chamadas de ocultas. A reunião de crianças e adolescentes em torno do saber, com um professor, não é um assunto para amadores, muito menos uma questão que se resolve apenas na mesa da política.

TERCEIRA SÉRIE DE LEMBRANÇAS

A educação é conservadora

Ver o currículo como narrativa permite abordar mais diretamente uma face da educação que temos deixado de lado, a saber, o fato de que ela é, sob certo aspecto, uma atividade *conservadora*. Quem nos lembra disso é Hannah Arendt. Partilho com ela a visão da escola como a instituição social que as sociedades interpõem "entre o domínio privado do lar e o mundo adulto com o fito de fazer com que seja possível a transição, de alguma forma, da família para o mundo".[1]

E, em acordo com isso, o educador é

> [...] representante de um mundo pelo qual deve assumir a responsabilidade, embora não o tenha feito e ainda que secreta ou abertamente possa querer que ele fosse diferente do que é. Essa responsabilidade não é imposta arbitrariamente aos educadores; ela está implícita no fato de que os jovens são introduzidos por adultos em um mundo em contínua mudança.[2]

Venho sustentando ao longo deste livro que os ganhos de consciência social e política que ocorreram na Pedagogia brasileira, desde os anos 1970, tiveram um custo. Um extravio grave foi o do pensamento duplo do educador que olha para a criança e diz, apontando vagamente para lugar nenhum: "não sou representante disso que está aí. Minha responsabilidade é com algo diferente". Esse educador descreve-se como alguém que apenas faz parte das soluções para o mundo, desenhadas à mão livre na bandeira de seus sonhos políticos. Ele pratica uma politização *sem restrições* da relação pedagógica, na qual as crianças correm o risco de ser parte involuntária na briga de gente grande, seja como bucha de canhão paredista, seja como mente a ser disputada pelas convicções políticas dos adultos, por meio da prática do pensamento crítico por estampagem.

Como muito bem viu Hannah Arendt, não podemos confundir, na figura do professor, a dimensão da autoridade com a dimensão da qualificação.

> A autoridade do educador e as qualificações do professor não são a mesma coisa. Embora certa qualificação seja indispensável para a autoridade, a qualificação, por maior que seja, nunca engendra, por si só, autoridade. A qualificação do professor consiste em conhecer o mundo e ser capaz de instruir os outros acerca deste, porém sua autoridade se assenta na responsabilidade que ele assume por este mundo. Face à criança, é como se ele fosse um representante de todos os habitantes adultos, apontando os detalhes do mundo e dizendo à criança: isso é o nosso mundo.[3]

Nesse sentido preciso não há mal-entendidos, como ela mesma se apressa em dizer: "o conservadorismo, no sentido de conservação, faz parte da essência da atividade educacional".[4] E isso é assim porque o simbolismo da criança é exatamente o do nascimento, do resurgimento no mundo da capacidade humana de criar o novo e o revolucionário, algo que sufocamos quando confundimos a apresentação e a entrega do mundo com nossas idiossincrasias políticas. Para que o novo possa surgir no mundo, a educação precisa ser conservadora.

A didática é a arte da graça: conhecimentos abandonados

Falei anteriormente em apresentação e entrega do mundo. Dizer que isso é uma espécie de narrativa é uma comparação parcial, pois ela não traduz as variedades do conhecimento humano que contemplamos no processo curricular e pedagógico. A arte do professor implica ao menos duas dimensões: uma decorre de sua excelência em uma disciplina e a outra de suas habilidades didáticas. São trivialidades, reconheço, mas quando falamos em didática, estamos tratando de mais uma das áreas de conhecimento abandonado, junto com a teoria curricular. Eu a recolho do canto empoeirado em que foi largada, nos anos 1970, para fazer um breve elogio a ela. Nessa circunstância de extravio, ocorre-me compará-la com o cinema ou o teatro e dizer que ela pode ser considerada a arte da graça. A comparação pode ajudar a mostrar seu valor diante do estado de esquecimento em que ela foi confinada.

Um filme ou um texto de teatro nos conta uma história. Seja o caso do *Édipo Rei*. A peça começa com episódios que acontecem no meio da longa história de vida de Édipo. Assim, há uma distinção banal entre a dimensão cronológica da vida de Édipo e o roteiro da peça. O escritor tem o direito de combinar as partes da cronologia do herói ao seu prazer, para criar os efeitos que deseja. Imagine que o autor tenha recebido um resumo da vida de Édipo em uma linha de tempo que começa com seu nascimento e avança sempre, de fato em fato, até seu trágico fim. Ele pode começar contando a história pelo meio, como acontece no texto de Sófocles, que inicia a narrativa com a descrição da desgraça que se abate sobre a cidade onde Édipo é rei.

No caso dos filmes, há um elemento adicional. Pode haver, no começo, uma história. Mas será preciso o trabalho do roteirista. E depois virá um diretor. Uma vez filmado o roteiro, acrescenta-se o trabalho de montagem. Uma história muito boa pode virar uma chatice nas mãos do diretor e o contrário é verdadeiro.

Se as comparações comportam fragilidades, a analogia que estou fazendo aqui não escapa disso e tem o defeito adicional de sugerir que a aula é algo para ser visto, como um filme. Peço ao leitor que releve, por ora, esse grave defeito de minha metáfora e em favor dela lembre que o bom cinema nos envolve e nos move. Fiz essa comparação apenas para enfatizar um aspecto da didática, o de ser uma espécie de arte da graça. Assim como não há filmes sem direção e roteiros, não há ensino, no sentido clássico da expressão, sem didática. Pode haver, no entanto, má didática ou o desprezo por ela.

O roteirista tem uma história para contar e trata de torná-la interessante ao leitor dispondo dos fatos da forma como julga mais conveniente; de forma semelhante podemos pensar a didática como uma disciplina necessária para a recontextualização dos conhecimentos humanos que desejamos conservar. Desse modo, temos o conjunto, aberto e crescente, dos conhecimentos que fazem parte do que temos realizado de melhor ao longo de nossa história. Pense aqui na expressão "conhecimento" no sentido ampliado com que a empreguei na exposição sobre as variedades do conhecimento. E acrescente, mais claramente: as diferentes disciplinas em seu estado de arte, recontextualizadas como conhecimento escolar. A didática, quando comparada ao trabalho dos roteiristas e dos montadores, ocupa-se com as decisões que devemos tomar, em cada caso, na partilha do conhecimento. Por certo, a expressão "em cada caso" indica as variáveis essenciais: os mais variados aspectos contextuais dos educandos, as características de determinado campo conceitual, as diferentes habilidades, os problemas e os temas visados, as diferentes etapas da educação, as condições iniciais de aprendizagem etc. Isso abrange, como momento mais complexo e difícil do trabalho curricular e didático, as formas de inclusão escolar da autocompreensão política e social dos valores da igualdade e fraternidade humanas conquistados pela modernidade. Muitas vezes, na pressa de levar adiante a agenda moderna, uma assim chamada compreensão crítica do mundo é simplesmente estampada como um conjunto de verdades em tudo comparáveis com o teorema de Pitágoras. Ora, os conteúdos escolares ligados mais diretamente às formas de autocompreensão e valores de vida do aluno exigem uma didática muito especial, que precisa respeitar as distâncias de fuga e evitar o caminho da simples estampagem. Abordei essa questão em meu livro *Ensino de Filosofia e currículo*, para onde remeto o leitor.

NOTAS

[1] Hannah Arendt, *Entre o passado e o futuro*, trad. Mauro Barbosa de Almeida, São Paulo, Perspectiva, 1972, p. 238.
[2] Idem, ibidem, p. 239.
[3] Idem, ibidem.
[4] Idem, ibidem, p. 242.

QUARTA SÉRIE DE LEMBRANÇAS

As disciplinas escolares

Fiz aqui uma defesa da "disciplina" e procurei mostrar que as propostas curriculares brasileiras, desde o surgimento dos Parâmetros Curriculares Nacionais, a partir de 1996, induziram um vocabulário sobre as disciplinas que não disfarça uma fantasia sobre a unidade do conhecimento humano. Uma especialista no assunto oferece uma boa descrição do clima conceitual:

> O PCN foi oficialmente introduzido para a comunidade educacional em 1996. Naquela época eu estava engajada em uma pesquisa que consistia na análise do currículo de escolas públicas em São Carlos, São Paulo, e tinha chegado às mesmas conclusões que motivaram a reforma: nosso currículo estava baseado em uma concepção da ciência positivista, fragmentada e alienada; dava-se um espaço mais privilegiado à quantidade do que à qualidade; e o trabalho pedagógico resumia-se na visão tradicional e obsoleta de classes quietas silenciosas, passivas, com os estudantes trabalhando individualmente, olhando para as nucas adiante e memorizando conceitos que não tinham conexão com suas vidas ou mesmo com seus interesses mais remotos.[1]

A maior parte dos lugares-comuns está concentrada aqui. O principal deles é o jargão contraditório sobre a concepção positivista da ciência. Ora, foram exatamente eles os maiores paladinos da unificação do conhecimento! Segue-se a crítica implícita ao conhecimento disciplinar, seguida pela condenação da memória e pelo encurtamento semântico de expressões como "vida estudantil" e "interesse do estudante". A passagem citada também implica a subestimação do papel das disciplinas na formação da identidade do aluno e de seu projeto de vida. Esse passe de palavras tornou-se dominante nos diagnósticos da educação brasileira a partir de uma incorporação aguada do conglomerado franco-frankfurtiano.

Com base nessas descrições superficiais do positivismo, o agrupamento das disciplinas em áreas de conhecimento passou a ser visto como um contraponto à alienação e à fragmentação do conhecimento. Desde então, vive-se um jogo de faz de conta triplo: *que* a manutenção das disciplinas tradicionais implica fragmentação, *que* a escola deve visar à unidade do conhecimento, *que* as áreas de conhecimento são unidades pedagogicamente operacionais. As três afirmações apontam becos sem saída. Em primeiro lugar, a diversidade de disciplinas não é o resultado de caprichos burocráticos. Ela expressa apenas o fato trivial que cada uma das disciplinas tradicionais é uma faceta peculiar da curiosidade humana, com suas características e nuances. Em segundo lugar, não podemos confundir os anseios por um sentimento de unidade na vida de cada um de nós com a fantasia de uma unidade do conhecimento. O que isso significaria: uma mesma metodologia operacional aplicada a todas as ciências? Por fim, a pesquisa sobre a integração das disciplinas em áreas, se existe, não chega nem às escolas nem aos livros. A prática usual de uma escola é a do "cada um por si", mas isso nada tem a ver com uma suposta falta de unidade do conhecimento humano, é apenas uma falha no trabalho de formação pedagógica.

O aspecto mais importante é a questão do conhecimento disciplinar, pois o trabalho interdisciplinar e transversal que precisamos fazer nas escolas para criar o que chamarei mais adiante de "sentimento de enredo" é dependente dele.

Não há uma "didática do todo" pela simples e óbvia razão de que o aprendizado humano é feito no varejo da vida e não no atacado das frases feitas. As peculiaridades de cada disciplina fazem com que a transmissão de nossas realizações exija procedimentos peculiares a cada área e disciplina. Esse é o campo das didáticas, a arte de transpor, traduzir, transcriar, recontextualizar o saber humano, que tem várias faces. As didáticas baseiam-se em uma dimensão de conhecimentos relevantes da Psicologia, da Sociologia, da Linguística, da Antropologia etc. Há também nelas aspectos de arte e de técnicas, pois exigem o domínio de regras a ser aplicadas em casos particulares; mas são também *práxis*, pois se trata de uma ação humana que se dirige ao outro visando a ele em sua autonomia. Diante disso é quase incompreensível o descaso que por vezes se vê em relação à didática. Ela ocupa um lugar essencial na vida humana, pois somos radicalmente dependentes de processos de aprendizagem. Ou o descaso com ela está ligado ao curioso e repetido mantra que diz que ninguém educa ninguém?

Sugeri anteriormente que é pouco adequado falar-se em didática geral, já que pareceria haver algo como "aprendizagem em geral"; a aprendizagem é sempre de algo, por mais amplo que seja. Aprendemos a nadar, a calcular um perímetro, a ler e escrever em tibetano, que a vida é um combate que aos fracos abate e que a Terra está derretendo. O que se pode dizer sobre uma didática geral? A rigor, serão apenas observações muito amplas de Antropologia, Psicologia, Sociologia, Biologia etc., sobre a aprendizagem humana; o fenômeno intrigante da plasticidade, a segunda natureza humana, as características de nossos esquemas conceituais e cognitivos e por aí vai.

Quando nos ocupamos com a questão do currículo e do ensino-aprendizagem, a urgência recai no trabalho didático exigido pelas disciplinas, em primeiro lugar, porque elas serão a base das áreas de saber e de atividades que encontramos no cotidiano escolar. Isso é assim, pois não podemos esconder o fato concreto que o espírito humano tem um conjunto de realizações – seja o teorema de Pitágoras, a *Mona Lisa*, a emancipação feminina, os princípios jurídicos da igualdade e a separação dos poderes, a *Nona sinfonia* e a Teoria da Relatividade – que devem ser preservadas pela beleza e importância intrínseca que possuem. As realizações desse tipo, no entanto, ocorrem a partir do domínio de habilidades e disciplinas específicas.

O currículo, do aberto ao oculto

Podemos imaginar essas realizações como um tesouro acumulado pela humanidade; temos interesse não apenas em preservar as melhores realizações e suas respectivas formas de elaboração. O currículo de uma escola manifesta-se em vários níveis de formulação, do formal e legal ao informal e oculto.[2] Ele inclui desde o que consta nos planos pedagógicos da escola (muitas vezes relegados à condição de letra inerte) até os acontecimentos na sala de aula que ganham registro apenas na memória dos partilhantes. O currículo liga-se à criação de condições adequadas para a apropriação, por parte do aluno, da complexidade de habilidades, saberes e atividades relevantes de uma tradição. O currículo é um elemento essencial para que a tarefa de formação humana não seja apenas o resultado aleatório da soma de esforços individuais e isolados de cada professor, um lance de dados. Podemos pensar no currículo como um ideal regulador. Quando nos regulamos por ele, podemos nos ver como uma equipe de formação cujos procedimentos são orientados por propósitos que se deixam medir ou avaliar na realidade, não necessariamente na forma de notas ou *rankings*, mas eventualmente por meio das vidraças não quebradas de nossa escola.

O que fazer?

"O que fazer" e "para onde ir" são expressões que somente ganham sentido se temos uma boa noção sobre onde foi que nos extraviamos. Tenho insistido aqui que foram muitas as encruzilhadas nas quais nos dispersamos. A primeira foi a dificuldade previsível (que não é privilégio do caso brasileiro) encontrada na passagem de uma escola de elites para um sistema inclusivo; as dificuldades não foram apenas de ordem material e financeira, mas principalmente de formação didática. Um problema central aqui é a disponibilidade de conhecimentos específicos para proceder à escolarização daquelas crianças que representam a primeira geração de uma família a ir para a escola. Essa criança procede de um ambiente de escasso letramento e encontra uma escola que pode não estar suficientemente preparada para ela.

Esse tema mereceria um ensaio à parte. Limito-me aqui a indicar alguns aspectos que deveriam ser desenvolvidos. Como foi observado por Albert Hirschmann, "quando certos serviços sociais, como educação, são ampliados a fim de atender grupos sociais emergentes, pode não ser adequado oferecer exatamente os mesmos serviços que vinham até então sendo oferecidos à tradicional 'classe educada'".[3]

Esse é um dos aspectos de nossa experiência educacional mais recente que muitas vezes não é devidamente apreciado. É nesse sentido que as estratégias de alfabetização que são eficientes para crianças que vivem em ambientes familiares com algum letramento serão ineficazes para aquelas que têm poucas vivências de letramento em casa. O fracasso na alfabetização muitas vezes é fabricado por uma didática que apenas era adequada para a criança de classe média da escola de elite.

Houve um grande esforço, desde os anos 1970, para expandir a oferta de ensino básico, mas isso não foi acompanhado pelas mudanças necessárias na formação docente. Na verdade, os caminhos da escola e das licenciaturas, nas universidades, foram feitos, em grande parte, sem muita conversa mútua. A qualidade da escola pública, quando vista de longe e em sua totalidade, caiu e passou a ser fonte de decepções relevantes. Não por acaso, nesse contexto, *a reprovação escolar foi praticamente banida*, em nome do acolhimento na escola de uma primeira geração de estudantes. A Sociologia do século XX observou que a rápida expansão de serviços como a educação é usualmente acompanhada de uma queda de sua qualidade, quando comparada com sua oferta anterior e limitada. Por outro lado, os serviços de educação podem ser oferecidos em grande escala mesmo com limitações de qualidade. Não se diz que alguns cursos precisam apenas de cuspe e giz?

A segunda dificuldade em que nos encontramos diz respeito à busca de um ponto de equilíbrio entre os estudos de currículo a partir da Sociologia e da Política, ligados aos temas da distribuição social do conhecimento, *e* os estudos relacionados ao chão da sala de aula e aos aspectos mais prosaicos da transmissão geracional do conhecimento valioso. A meu juízo, essa segunda dificuldade somente é vencida com o crescimento da pesquisa pedagógica voltada para o chão da escola, que depende fortemente do interesse de cada uma das comunidades disciplinares. Elas se encontram em diferentes fases de elaboração e isso é facilmente comprovável quando examinamos os diferentes documentos da Base Nacional Curricular Comum. Algumas disciplinas, como a Filosofia, têm poucos objetivos no nível médio. Outras, como a Biologia, no mesmo nível, chegam a 60. Uma das razões para essa diferença está no fato que a Biologia acumula um lastro de reflexão sobre ensino que a Filosofia apenas começa a ter entre nós. Os filósofos, ocupados que estavam com a afirmação de sua área, dispunham de pouco tempo para pensar os problemas curriculares e didáticos de seu ensino no nível médio.

As licenciaturas

Vou tentar explicar melhor essa dificuldade de equilíbrio entre o processo de afirmação da identidade dos diversos campos de conhecimento envolvidos na formação do professor e o compromisso de formação docente. Para isso é preciso lembrar que o período de afirmação das diversas disciplinas de conhecimento básico, como Física, Química, Matemática, Biologia, História, Geografia, Letras, Filosofia etc., coincide com o processo de crescimento da universidade brasileira, que se acentuou com a criação, a partir dos anos 1970, de uma rede de cursos de pós-graduação. O primeiro grupo significativo de cursos de mestrados e doutorados foi criado no Brasil apenas na segunda metade dos anos 1970 e coincide com a profissionalização do professor universitário. O surgimento e a progressiva expansão dos regimes de trabalho em tempo integral e com dedicação exclusiva correspondem a esse período, com seu pico na metade dos anos 1980. Foi uma época de intensa busca de afirmação da identidade profissional de cada uma dessas disciplinas. Um dos custos desse foco foi o descuido com a interface formacional delas, como sugeri anteriormente.

O campo da Pedagogia, por sua vez, foi atraído pelos estudos de além-mar que expandiam a dimensão política, social e antropológica da educação, e procurou compensar a inclinação existente pelos teóricos norte-americanos, como, por exemplo, Tyler, Taba, Bloom e outros. Nas chamadas "áreas de conteúdo" (Física, Química, Biologia, Letras, História, Geografia etc.), os docentes universitários concentravam seus esforços em profissionalizar suas áreas e prestavam menos atenção na formação do professor. Era uma luta pela vida profissional da área que recém-começava e alguém saiu prejudicado dela. O esquema de formação de professores que até então era o "três mais um" (três anos de formação específica e mais um ano de formação pedagógica) foi trocado por outro no qual a formação pedagógica começava já no primeiro ano. A medida, no entanto, foi relativamente inócua, pois os conteúdos pedagógicos aos poucos foram enviesados pelos estudos dominantes da Pedagogia, que incluíam, paradoxalmente, dúvidas sobre a própria escola. A primeira leva de estudos chegou à conclusão de que ela não passava de um dispositivo de reprodução da ideologia dominante. A desvalorização da escola surgiu em duas ou mais frentes acadêmicas. Uma delas era a excessiva preocupação dos "departamentos de conteúdo" com suas identidades e seu descaso com a formação do professor; a outra era a atenção dos "departamentos de educação" para com os temas da reprodução e do disciplinamento, em detrimento dos temas da didática, da teoria curricular e da psicologia do desenvolvimento e da aprendizagem. Acrescente-se aqui o progressivo extravasamento, para os níveis mais básicos do ensino, de uma metodologia vagamente inspirada em Paulo Freire e temos a receita para os problemas que vivemos ainda hoje na formação de professores.

Nesse cenário que estou descrevendo, os cursos de licenciatura são acusados de não assumirem suas responsabilidades formacionais. Em vez de serem cursos de formação docente, diz-se, são cursos de bacharelado que se disfarçam de licenciaturas, pois as disciplinas pedagógicas são acopladas a eles sem nenhuma integração. Mesmo que as disciplinas de cunho pedagógico sejam oferecidas ao aluno desde o primeiro semestre, pelos departamentos de educação, permanece um corte nítido, uma cisão ou dicotomia, como se diz, entre as duas dimensões, aquela do conhecimento específico e a conhecimento pedagógico.

Isso pode ser superado? Há algum formato institucional capaz de superar essa cisão? Aqui predomina o ceticismo. A formação docente que ocorre no interior das universidades ainda não encontrou um formato adequado, mas isso pouco tem a ver com boas ou más vontades. Há fatores objetivos que concorrem para isso. O principal deles é que o ciclo de afirmação dos departamentos de conhecimento básico, que são essenciais para as licenciaturas, ainda está em curso. As melhores energias institucionais ainda se concentram na fixação da identidade profissional de cada disciplina e na construção de uma rede de pós-graduação. Por outro lado, não há confusão conceitual entre o campo conceitual da disciplina e o da formação do licenciado. A Matemática, por exemplo, não é uma didática. A Matemática é um campo da curiosidade humana, um campo de conhecimentos específicos e delimitado epistemologicamente em relação a outros. O ensino dela constitui uma área à parte. Haverá, então e sempre, uma separação natural entre a disciplina específica e a formação do professor da área, e isso depende da elaboração de um saber específico.

Houve quem propusesse que as universidades resolvessem isso mediante a criação de "centros de licenciaturas", unidades de ensino e pesquisa que reuniriam os departamentos de base de cada uma delas em um único setor institucional, sob a direção dos profissionais dos departamentos de educação. Tais propostas nunca vingaram pelas razões que sugeri anteriormente, ligadas ao processo de afirmação da identidade das áreas. Outra proposta que está na ordem do dia é a da criação de licenciaturas de acordo com as áreas de conhecimento previstas em nossa legislação. Haveria, assim, por exemplo, uma licenciatura em Ciências Humanas, outra em Linguagens, outra em Ciências Exatas e Naturais. Essa proposta está em execução em muitas universidades e outras instituições educacionais.[4] Os tradicionais grupos de resistência das disciplinas, nas universidades tradicionais a que já me referi, não costumam olhar com bons para essa sugestão, pois ela lembra a época das "licenciaturas curtas", cursos de formação abreviados e também por áreas de conhecimento. Fala-se, ainda, de mudanças curriculares nos cursos de licenciatura, de modo que os conteúdos específicos sejam os mesmos constantes de uma Base Nacional Curricular. A frágil consciência epistemológica e curricular de nossa tradição recente não ajuda nem no debate, nem na consolidação dessas propostas.

Uma escola suficientemente boa

Como podemos estranhar que os professores sofram de um cansaço de teoria? Condenados continuamente à humilhação das conversões e novidades a que foram submetidos durante décadas, parecem ter tomado uma pequena mas decisiva resolução. Para se verem livres do sofrimento dessas apostasias pedagógicas, começaram aos poucos a resignar-se orgulhosamente à modéstia: contentam-se em sentir, voltam a buscar um refúgio na impecável ingenuidade da didática. É assim que a nossa consciência pedagógica encontra repouso e rumo. Termina aqui meu segundo pastiche neste livro, dessa vez de Baudelaire, no texto sobre a Exposição Universal, em 1855. Ele me parece perfeito para expressar um estado de espírito que até mesmo começa a encontrar alguma expressão em nossas leis.

Uma alteração na nossa Constituição, em 2009, determinou que a educação básica fosse implantada de forma universal e gratuita, progressivamente, até 2016.⁵ Uma vez promulgada, a emenda exigiu novas diretrizes educacionais, que foram divulgados em 2010.⁶ Ainda em 2010 foram aprovadas as Diretrizes Curriculares Nacionais para o ensino fundamental de 9 anos, que deveriam ser saudadas como um marco na história curricular brasileira recente. Apareceu ali a primeira crítica aos extravios da cultura curricular brasileira que venho comentando aqui. O Parecer de aprovação das Diretrizes aborda o tema da "relevância dos conteúdos, integração e abordagem do currículo" e faz uma crítica ao fato de que "[...] alguns currículos muito centrados nas culturas dos alunos", propuseram "às camadas populares uma educação escolar calcada sobretudo na espontaneidade e na criatividade".⁷

O autor do Parecer explica a seguir que boa parte das rotinas e procedimentos didáticos adotados na rede escolar brasileira "terminam por reservar apenas para as elites uma educação que trabalha com abstrações e estimula a capacidade de raciocínio lógico".⁸

O conhecimento: dos poderosos e poderoso

Essas medidas fazem com que os conhecimentos mais complexos escapem ao domínio dos segmentos populares. O Parecer conclui incorporando o sentido do argumento que surgiu na teoria do currículo nos anos 1990: não podemos confundir o poder do conhecimento com o conhecimento dos poderosos. Cito um trecho do Parecer:

> [...] os segmentos populares, ao lutarem pelo direito à escola e à educação, aspiram apossar-se dos conhecimentos que, transcendendo as suas próprias experiências, lhes forneçam instrumentos mais complexos de análise da realidade e permitam atingir níveis mais universais de explicação dos fenômenos. São esses conhecimentos que os mecanismos internos de exclusão na escola têm reservado somente às minorias, mas que é preciso assegurar a toda a população.⁹

Esse tipo de ambiente pedagógico criticado pelo Parecer fez com que o acesso às formas mais complexas de conhecimentos fosse subtraído da maioria da população escolar. Os alunos dos segmentos populares ficaram curricularmente confinados ao horizonte de suas próprias experiências, em nome de valores como o respeito à cultura do aluno. Essa etapa de aligeiramento do ensino público começou nos anos 1970 e, verdade seja dita, foi objeto de crítica por autores como Demerval Saviani, como indiquei no começo do livro.

Em 2011, o ensino médio foi reformulado.[10] O Parecer determinou uma alteração na lista das áreas de conhecimento que haviam sido consagradas na legislação anterior.[11] Os documentos anteriores haviam estabelecido três áreas, Linguagens, Ciências Naturais e Matemática e Ciências Humanas. O novo Parecer desdobrou a área de Ciências Naturais e Matemática em duas, ficando assim estabelecida a organização nas quatro áreas que temos hoje, Linguagens, Matemática, Ciências da Natureza, Ciências Humanas. Nenhuma explicação foi dada para essa alteração, mas seguimos conversando sobre as áreas do conhecimento como se soubéssemos do que estamos falando apenas porque repetimos os lugares-comuns de uma taxonomia que mal compreendemos. Talvez não houvesse mesmo nenhuma explicação disponível.

A expansão do sistema de ensino não parece ser o nosso problema maior, mas a melhoria de sua qualidade para garantir permanência e aprendizagem. A boa novidade é que estamos aprendendo a falar em "direitos de aprendizagem e desenvolvimento" e esse pode ser um caminho sem volta. Vê-se também uma receptividade cada vez maior para uma escola menos voltada aos processos de seleção das universidades, mais plural, com um forte crescimento do ensino técnico-profissional. E firma-se a exigência inarredável de carreiras profissionais com remuneração adequada e com uma jornada de trabalho compatível com as tarefas de planejamento e preparo de atividades. Há muito para fazer. Nos termos da Lei 11.738/2008, as atividades de interação com alunos têm o teto de dois terços da carga horária, mas poucos estados brasileiros respeitam isso. Quanto às promessas da tecnologia educacional, há um reconhecimento generalizado do fato de que a infraestrutura importa muito: bons prédios, boas salas, computadores, tudo isso conta e faz diferença na vida de uma escola, mas são apenas as condições necessárias; o mais importante, repete-se, é a qualidade do trabalho do professor em sala de aula, algo que não se resolve no piscar de olhos de cursos curtos, pois diz respeito aos conhecimentos do professor, acumulados em anos de formação básica nas licenciaturas.

Não faz muito anos que uma secretária estadual de educação sugeriu que, em um mundo ideal, deveríamos fechar todas as faculdades de

Pedagogia do país e recomeçar tudo do zero, reorientando-as para menos teorias da ação social e para mais pesquisas de base em Psicologia da aprendizagem, currículo, didáticas.[12] Exagero à parte, é difícil deixar de ver a desconexão entre a teoria política grandiloquente da academia e o chão didático da escola. Existem dificuldades objetivas e materiais, pois vivemos um apagão docente, e dificuldades espirituais, pois há um desequilíbrio entre a política e a didática. Por outro lado, cresce o desconforto em relação às formas de elaboração do currículo nacional; os legisladores acolhem a pressão de grupos e determinam, de cima para baixo, a inclusão e a exclusão de componentes curriculares em um ambiente de discussão rarefeita, como mostrei anteriormente no caso das áreas de conhecimento.

A dificuldade que a escola tem de fazer sentido no cotidiano do estudante parece ser um enigma a ser decifrado, um problema à espera de uma solução que não virá, pois a própria escola vai esgarçando seu significado. Restaria apenas a cada um de nós fazer sua pequena parte? Se é verdade que muitas vezes a escola é um lugar para onde o estudante acorre sem sentimentos de compromisso e de prazer em aprender, também é verdadeiro que muitas vezes nós, professores, perdemos esses sentimentos também. Assim, nossa presença passa a ser mínima. Na raiz disso está o fato de que nós, professores e disciplinas, não oferecemos um sentido de tecido e continuidade.

Um dos meus pontos de partida neste livro foi o da recuperação do sentido do conhecimento disciplinar sem que isso conflite com qualquer outra proposta de ensino, por mais revolucionária que seja, mesmo aquelas nas quais as disciplinas não nomeiam o tempo escolar.

O estreito canal da trombeta

Cada disciplina que integra o currículo tradicional tem uma identidade própria e legítima que se fundamenta no fato de ela tratar de um aspecto particular da realidade. Isso não é algo que possamos questionar. Disciplinas como Matemática, Física, Química, Biologia, História, Geografia, Filosofia, o estudo de Línguas, Artes, são expressões profundas do espírito e da curiosidade humanas e resultam de milênios de investigação acumulada pela humanidade. As disciplinas *contêm* o espírito e nós mesmos:

Pois, como dizia Cleantes, assim como o som, prensado no estreito canal de uma trombeta, sai mais agudo e forte, assim se me afigura que o pensamento, constringido pelas regras da poesia, se arremete mais vivamente e me impressiona com maior intensidade.[13]

As disciplinas representam, *em última instância*, nossos esforços de investigação e sistematização das curiosidades humanas fundamentais nas diversas áreas da experiência humana. Cada disciplina é um tipo de cuidado. Esses cuidados são o que chamamos de metodologias, estratégias dedutivas e indutivas, estatísticas, atenção plena e são, por isso mesmo, disciplinamentos a que nos submetemos voluntariamente, como o tocador de trombeta de Montaigne. Isso não significa que o currículo escolar deve ser estruturado por disciplinas. Se na imensa maioria das escolas é assim que acontece, o problema não está nas disciplinas, mas em nossa falta de imaginação curricular.[14] O que estou querendo dizer, com essas observações sobre as disciplinas, é que elas são o que temos como base de conhecimento e ponto de referência para qualquer proposta que queiramos fazer: baseada em problemas, projetos, nelas mesmas.

NOTAS

[1] Silvia Elizabeth Moraes, em William F. Pinar (org.), *International Handbook of Curriculum Research*, New Jersey, Taylor e Francis e-Library, 2008, p. 205. A tradução é minha.

[2] A expressão "currículo oculto" foi proposta por Philip Jackson em seu livro *Life in Classrooms*, de 1968, para designar "o grupo, o elogio e o poder que se combinam para dar um sabor específico à vida na aula, formam coletivamente um *curriculum* oculto que cada aluno (e cada professor) deve dominar para desenvolver-se satisfatoriamente na escola. As exigências criadas por esses traços da vida na aula podem contrastar-se com as exigências acadêmicas (o *curriculum* 'oficial', por assim dizer) aos quais os educadores tradicionalmente prestaram maior atenção. Como é de se esperar, os dois *curricula* se relacionam entre si de modos diversos e importantes." (Jackson, *La vida en las aulas*, Madrid, Paideia, 2010, p. 73, tradução minha.) Não há tradução desse livro para o português. Muito se escreveu em torno da noção de currículo oculto, mas praticamente tudo o que foi dito sobre o tema sofreu um enviesamento de fundo reprodutivista. A noção foi concebida por Jackson em termos mais modestos, a saber, para dar conta das formas tácitas de transmissão de valores e modelagem de comportamento inerentes não apenas à vida escolar.

[3] Albert Hirschman, *De consumidor a cidadão: atividade privada e participação na vida pública*, São Paulo, Brasiliense, 1983, p. 47. De modo geral, minhas observações sobre crescimento e perda de qualidade na educação brasileira são muito devedoras às observações de Hirschman nesse livro.

[4] No levantamento que fiz pude constatar que a oferta de licenciatura interdisciplinar vem sendo feita em ritmo crescente – há mais de uma dezena de cursos desse tipo em funcionamento hoje – e está distribuída em todo o país, em especial em instituições jovens e ainda não dominadas pelo espírito dos departamentos.

[5] Trata-se da Emenda Constitucional 59.

[6] Esses documentos (o Parecer 7/2010 e a Resolução 4/2010) especificaram novas modalidades de educação básica: educação de jovens e adultos, educação especial, educação profissional e tecnológica, educação básica do campo, educação escolar indígena, educação a distância, educação escolar quilombola. Neles são enfatizadas formas de acompanhamento e avaliação do sistema pelo Sistema de Avaliação da Educação Básica (Saeb) e

pelo Índice de Desenvolvimento da Educação Básica (Ideb). Os dois documentos são importantes para que se tenha presente a ênfase das políticas educacionais em temas como os compromissos do sistema com a inclusão social e com formas de ensino baseadas em currículos mais bem planejados. A discussão da organização curricular e suas formas ocupa duas longas seções do Parecer 7/2010 e enfatiza a cada momento a importância e necessidade de currículos pensados a partir de uma atitude de interdisciplinaridade. Ali é feita uma indicação clara de que as orientações presentes nos PCN e nas OCN, de agrupamento dos componentes curriculares por áreas, visam favorecer a interdisciplinaridade.

7 Trata-se de uma passagem do Parecer CNE/CEB 11/2010, que teve como relator Cesar Callegari. O documento pode ser encontrado em Brasil, *Diretrizes curriculares nacionais gerais da educação básica*, Brasília, MEC/SEB/Dicei/Secretaria de Educação Básica, 2013, p. 119.

8 Idem, ibidem.

9 O trecho está inspirado, como o parecerista mesmo esclarece, nas ideias de Michael Young. Uma das coisas que lamento é não poder incluir neste livro um capítulo sobre Young, que foi uma das peças chaves tanto no surgimento da Nova Sociologia da Educação, em 1971, quanto nas inflexões que a teoria do currículo vem recebendo desde os anos 1990. Já estão disponíveis, em língua portuguesa – e na internet – alguns de seus trabalhos. Recomendo vivamente ao leitor a leitura de seus textos.

10 Trata-se do Parecer CNE/CEB 05/2011, Diretrizes Curriculares Nacionais para o Ensino Médio, de 4 de maio de 2011.

11 Os Parâmetros Curriculares Nacionais e as Orientações Curriculares, de 2006.

12 A declaração foi feita por Maria Helena Guimarães de Castro, em uma revista de circulação nacional em fevereiro de 2008. Ela era secretária de educação do estado de São Paulo.

13 M. Montaigne, *Ensaios*, São Paulo, Victor Civita, 1972, p. 79.

14 Sobre as relações entre currículo e imaginação, veja o livro de James McKernan intitulado *Currículo e imaginação: teoria do processo, pedagogia e pesquisa-ação* (trad. Gisele Klein, Porto Alegre, Artmed, 2009). Ele, apesar de abandonar "a ideia de educação como a busca por objetivos instrucionais específicos" (p. 45), trabalha na tradição aberta por Stenhouse e com isso escapa dos lugares-comuns dos curriculista pós-pós-críticos.

QUINTA E ÚLTIMA SÉRIE DE LEMBRANÇAS

A interdisciplinaridade como teoria e como panaceia

O crescente uso da palavra "interdisciplinaridade" no vocabulário das políticas educacionais é um fenômeno intrigante. A expressão visa indicar um princípio integrador que deveria presidir, simultaneamente, o currículo e a Pedagogia. Junto a essa expressão, veio outra, "contextualização". Elas surgiram em combinação com o vocabulário de "áreas de conhecimento". Estas, como mostrei anteriormente, aumentam ou diminuem ao sabor das reformas, sem maiores explicações. A pouca teorização sobre a interdisciplinaridade, por sua vez, é desigual e descombinada. É desigual, pois as comunidades de especialistas de cada disciplina estão em níveis muito diferentes de elaboração conceitual, uns apenas começando, outros com décadas de estrada.[1] É descombinada porque não há um quadro de referência teórico mais amplo e minimamente partilhado que pudesse gerar um efeito mínimo de equalização dos esforços das comunidades de especialistas. Os documentos de área que resultam desse quadro são, por essa razão, assimétricos, episódicos, quase anedóticos. A pouca teoria mais ampla é aquela resumida nos pareceres que acompanham os textos legais. Há muita crítica *crítica*, por certo, que pouco atinge a vida nas aulas. Daí a expressão de desconforto e desencanto dos professores quando são convidados a praticar a interdisciplinaridade. Por que se fala tanto nela? A que veio esse vocabulário? O que se espera conseguir com isso? Não surpreende ninguém que as magras sugestões de trabalho interdisciplinar na escola dependam de uma descrição enviesada das disciplinas escolares. Algumas elaborações teóricas que mostrei no capítulo anterior fazem exatamente isto: rebaixam e caricaturam as disciplinas escolares para poder defender uma interdisciplinaridade idealizada e vazia, em um misto de uma visão romântica e horizontalizada da escola; ela está na base do que podemos chamar de uma visão estreita da inclusão, um freirismo descontextualizado. A situação é constrangedora, pois fica evidente a desproporção entre a insistência no assunto e o vazio conceitual que cerca o tema. No pouco tempo em que o tema "interdisciplinar" vigora entre nós, parece haver já uma certa saturação. "Há muita teoria confusa para pouca prática relevante", dizem os professores. "E quanta e qual teoria precisamos ter para dar conta da tal interdisciplinaridade?", insistem os docentes, expressando um sentimento bem conhecido: não estaremos diante de mais um modismo pedagógico? Não será ela mais um desses cometas jurídicos, que surgem e passam? Não seria melhor a gente apenas ficar quieto e esperar que a moda passe?

Será que a prática da interdisciplinaridade, como as leis brasileiras recomendam, depende de mais e boas teorias para ir para frente? Ou ela poderia ser vista como uma promissória pedagógica de duvidoso resgate, um desvio retórico, uma panaceia como outras?

Defendi, ao longo deste livro, que a "interdisciplinaridade" indica uma boa direção, mas seria melhor que a substituíssemos, provisoriamente, por alguma outra expressão, mais modesta e cumpridora, enquanto não a contextualizamos melhor. Farei isso no momento oportuno. Por enquanto, continuarei usando-a para não perder a referência do que estou discutindo aqui. Afinal, é em direção a ela que nós, professores, estamos sendo pressionados; os legisladores querem que a pratiquemos. Mas ainda não convencemos o conselheiro Acácio que nos habita e, nesse caso, seria melhor trocar a pompa e a gravata teórica por uma visão mais realista das coisas pedagógicas.

Ganhos e perdas

Para que não fique dúvida: houve muito ganho nas faculdades de Educação, com o surgimento dos estudos de Sociologia, Antropologia, Filosofia e Política; houve ganhos no que diz respeito às políticas de inclusão escolar que o país vive desde que o exame de admissão ao ginásio foi abolido. No entanto, esse giro e avanço na teoria, na maior parte das vezes, foram feitos em detrimento da pesquisa empírica em currículo e didática.

No caso específico da interdisciplinaridade escolar, o que me pergunto é se o problema consiste, como se reitera, na falta de teorias e definições claras sobre as diferenças entre o *multi*, o *pluri*, o *inter*, o *trans* e o que mais vier. Eu tendo a pensar que o problema não é esse.

No chão da escola

As lembranças, nessa terceira parte do livro, são uma espécie de descrição do chão da escola, um esforço de reconhecimento de certos sentimentos fundamentais ali presentes. É como se a acolhida desses afetos nos preparasse para não apenas uma retomada da reflexão conceitual, mas também para as medidas práticas que precisamos tomar. É como se tivéssemos, nessa hora, de falar mais sobre sentimentos e disposições do que sobre teorias. As teorias e os conceitos são importantes, mas o que mais nos alimenta, na prática, é uma atmosfera, certos humores, sentimentos, disposições. E se por vezes achamos que algumas coisas não vão bem na nossa prática pedagógica, isso afeta principalmente essa atmosfera.

Gostaria de refletir sobre dois sentimentos importantes, tanto para os professores quanto para os estudantes. Talvez outras pessoas já tenham pensado e escrito sobre esses sentimentos. Na verdade, acho que todos os professores refletem sobre isso, nem sempre muito explicitamente.

Sentimentos de obra

O primeiro, que gostaria de chamar de "sentimento de obra", surge muito cedo em nossa vida e nunca nos abandona. Pense nas vezes em que nos pegamos avaliando como vai indo a nossa vida, o que estamos fazendo dela, o que vamos deixar: um livro, um filho, uma árvore plantada? O *sentimento de obra* começa muito cedo. A criança, ainda muito pequena, faz o cocô e depois olha para o vaso com certo orgulho. Seria interessante olhar para as horas escolares e fazer como um antropólogo, que descreve o que fazem os alunos nesses momentos e pergunta sobre qual sentimento de obra eles estão tendo no cotidiano escolar.

Vou chamar o segundo de *sentimento de enredo*. Nascemos com um sentimento implícito de que fazemos parte de alguma coisa. Se pudéssemos entrar na mente de um bebê recém-nascido e se esse bebê pudesse, por algum milagre, pensar com linguagem, ele estaria dizendo alguma coisa como: "Ei, há alguém que me segura, que me aquece com uma mantilha quando tenho frio, que me refresca quando tenho calor e me dá de comer sempre que tenho fome: acho que me querem bem, faço parte de algo bom". E assim o bebê começa a pensar que o outro e o mundo podem, com alguma sorte, ser interessantes. Esse é o primeiro enredo em que nos sentimos metidos: "Eu, quem me cuida, minha mantilha e mamadeira estamos em uma mesma sintonia: faço parte de algo". Dali para a frente, em nossas vidas, vamos sempre ampliando e regulando esse sentimento de enredo, de pertencimento, de que nossa vida, ao ser contada para a gente mesmo e para os outros, é uma história que tem começos, meios, interrupções e fins. E tragédias. O enredo se complica muito, às vezes. Buscamos sempre um fio condutor, que costumamos chamar de "sentido da vida", e parece que não podemos evitar de pensar sobre o enredo em que estamos metidos.

Há uma hierarquia entre esses sentimentos? Ambos são centrais para o ser humano, nenhum parece mais importante do que o outro. O sentimento de obra é básico, pois ele diz respeito ao modo pelo qual respondemos a perguntas muito básicas como "o que estou fazendo", "qual é minha obra", o que vai "sobrar de mim". Se nos sentimos inúteis, se temos a sensação de fazer nada, qual é a graça da vida? Assim, penso que o sentimento de obra é primitivo e constante ao longo da vida.

O sentimento de enredo, por outro lado, vai crescendo em nós, à medida que vamos dando um sentido mais explícito ao que vamos fazendo. Mas nem sempre temos as rédeas de nossa vida e, assim, temos também que dar sentido ao que nos sucede, pois há coisas na vida que não fazemos, que apenas nos acontecem. E assim temos que pensar sobre o lugar desses acontecimentos no enredo de nossas vidas. Basta pensar sobre as doenças, os acidentes, os imprevistos, as coincidências trágicas. Nessa região do enredo tudo parece ser mais complexo, tudo parece depender do cruzamento de muitas narrativas, que por vezes se contradizem, pois não vivemos a vida como se ela fosse uma série de acontecimentos totalmente desligados uns dos outros. Tudo se passa como se a gente tivesse de dar conta de que nossas ações – e cada uma das coisas que nos acontecem – fazem parte de um enredo. Temos que sair de casa e trabalhar e, para isso, contamos uma história para nossos filhos pequenos que querem a nossa presença. Temos que voltar para casa para ver os filhos e, assim, contamos uma história para nosso chefe que quer a nossa presença. E o mundo é redondo e gira e não caímos.

O cocô e o penico

E é assim que contamos histórias para nossos filhos e netos, sobre as famílias em que eles se enredam, sobre os perigos e sofrimentos que devem evitar nas florestas da vida. Essas histórias ajudam a explicar por que eles devem fazer aquilo que pedimos que façam: as boas ações, evitar as más, e por aí vai. Insinuamos para eles, desde cedo, a regra que introduz a moralidade em nossas vidas: não faça cocô fora do penico.

Juntamos, pois, o sentimento de obra com o sentimento de enredo: batemos palmas e incentivamos quando eles fazem a menor coisa certa. E franzimos a sobrancelha quando fazem as pequenas coisas erradas. Por vezes a coisa complica, pois nem sempre conseguimos chegar a um acordo sobre o que é cocô e o que é penico no mundo. E com mais um pouco de sorte, quando as crianças vão para a escola, elas já possuem fortes e claros *sentimentos de obra*, fortes e claros *sentimentos de enredo*.

O ponto central sobre o *sentimento de obra* de uma criança, quando vai para a escola, é que cada dia ali passado é um *dia de realizações*; a criança passa a tarde *fazendo coisas*, como diria Thoreau, *deliberadamente*: ela *come* deliberadamente, pois estuda sobre os alimentos a comer, ela agora *desenha* e *escreve* deliberada e não livremente, como em sua casa, ela *passeia* deliberadamente, e não como os passeios de fim de semana com a família, ela vê crescer, na prateleira da sala de aula e nas folhas de sua pasta, os muitos *trabalhos* do pequeno Hércules que morava dentro dela sem que ela soubesse. E de onde saíram todas aquelas coisas senão do novo enredo em que ela se meteu, entre a ansiedade e a admiração; e com o sorriso de aprovação da professora, da escola, de outras e desconhecidas crianças, com amor, receios, desejos que provam e aprovam as realizações diárias.

Vastidões

A *escola suficientemente boa*, do ponto de vista de uma criança, mais parece ser um canteiro de obras do espírito, onde ocorre a transição de um tipo de enredo para outro, que se enriquecem ou se enviesam. A partir de seu pequeno mundo, composto por seus cuidadores e parentes, por seus primos, vizinhos e animais de estimação, a criança precisa começar a exploração do vasto mundo. Mas a criança não se chama Raimundo, ela tem um vasto coração e precisa mais do que rimas para viver uma vida suficientemente boa.

Assim, a escola começa a lhe *contar mais sobre o enredo maior* em que a criança está metida: que ela mora em uma cidade, e não em uma invasão, como insistem alguns vizinhos; que essa cidade faz parte de algo maior, que faz parte de algo maior, que faz parte de algo maior e assim por diante o mundo vai ficando cada vez mais vasto e que ela pode se perder se os mapas forem queimados. E que não tem volta. De tremor em temor a criança vai costurando esses enredos maiores em seu pequeno conto inicial. Cada atividade escolar é um pouco disso: nos estudos sociais, a descoberta de que as fronteiras do nosso olhar nem sempre são as de nossa imaginação; nas ciências, de que os feijões podem esconder dentro deles o mistério da vida como um todo; nas letras, a alquimia que transforma o risco e o rabisco em espírito; nos números, a magia de um mundo no qual não há o risco de a arbitrariedade nos golpear. Não é pura maravilha esse aprendizado?

A gente cresce, no entanto, por vezes aos trancos e empurrões, e um dia a professora vai embora. Agora são muitas, muitos professores para cada uma dessas maravilhas dos conhecimentos. E um dia as maravilhas parecem que emagrecem, que encolhem, e a gente olha para as prateleiras da sala de aula e descobre que ali não existem mais prateleiras. As salas de aula são agora apenas mesinhas e cadeiras, separadas umas das outras, em fila, e entra um professor e depois sai; depois entra outro e que também sai.

Nesse momento a criança que ainda mora em mim se pergunta: o que é que eles me pedem para fazer? O que é que eles me pedem como *obra*? Seja lá o que for, parece que é algo meio fininho, pois cabe nas paredes do meu caderno.

E assim a criança vira um adolescente, e se pergunta em qual enredo está metida. O que foi feito do mundo mágico dos números, das letras, dos organismos, das gentes? Ele foi transformado em algo que agora chamamos pelo nome de "disciplina", "matéria", que parece caber sem sombras e sobras nos livros didáticos, nas apostilas, nos cadernos, nas provas e nos vestibulares. O que nos pediram para fazer no ensino médio? O que acontece com nossos sentimentos de obras e de enredos, quando passamos para o ensino médio, como estudantes?

Há pelo menos mais dois sentimentos importantes para nossos alunos, em especial para os adolescentes. Sabe-se que a adolescência é um período no qual a exposição ao que vou chamar de *sentimento de risco* é praticamente um fato da natureza. Afinal, não é arriscado sair da proteção familiar para a construção de uma nova relação? Assim, o adolescente deve treinar seus "sentimentos de risco", quer queira ou não, como preparação para a sua saída de casa. De que modo nós, na escola, compatibilizamos os dois sentimentos anteriores, de obra e enredo, com esse novo, tardio e inevitável *sentimento de risco*? De que maneira o planejamento curricular atende às exigências criadas pela coexistência, em nossos alunos, desses sentimentos poderosos? Ele quer, ao mesmo tempo, fazer coisas, que essas coisas tenham sentido e que representem algum risco e graça. Se a escola compreende isso e oferece atividades que contemplam as exigências criadas pela simultaneidade desses sentimentos, ela vai bem. Se não, o estudante passa a ter um sentimento que não suportamos muito tempo, o *sentimento de tédio*. E aí não há quem o segure, pois ninguém suporta o tédio por muito tempo.

Sigamos com esse esforço de ver as coisas pelo ponto de vista de atmosferas e afetos. Estou interessado aqui principalmente em pensar sobre o seguinte fato: será que a forma como trabalhamos pode ter influências negativas no comportamento deles? Até que ponto trabalhamos como uma equipe em nossas escolas? Por acaso os estudantes percebem que os professores conversam entre si sobre o que está sendo trabalhado nas aulas? Eles percebem que nós, professores, somos uma equipe organizada, que age em comum acordo no que diz respeito às aprendizagens deles? Ou pensam que cada um de nós prepara a sua aula de forma isolada, sem ganchos e contatos com as demais disciplinas? E se eles não conseguem nos ver como um time que trabalha junto, por que deveriam fazer isso e cooperar com a aula? Se essa é a percepção deles, isso contribui para aumentar ou para diminuir o respeito pela escola? Se sua aprendizagem vai mal, como fica o sentimento mais básico a que me referi antes, o *sentimento de obra*? Quando aprender algo não significa aprender a *fazer* algo, o que significa? Compreender uma equação, fazer uma conta, contar uma história são atividades típicas de um dia escolar, mas podem ser atividades demasiadamente magras para o apetite de obras de um adolescente. Ele pode mais, se for mais bem desafiado, mas nenhum desafio será completo se não lhe devolvermos o sentimento de que o currículo escolar, que queremos redesenhar, é uma espécie de enredo no qual ele é também ator. E que o conhecimento desse enredo que é o currículo é uma condição para que seu sentimento de obra seja potencializado.

Os tópicos mais abordados, quando se fala na crise do ensino brasileiro, são inclusão com qualidade, a necessidade de redesenho curricular e, naturalmente, de trabalho interdisciplinar e contextualização. O crescimento da rede escolar não foi acompanhado do mesmo padrão de qualidade da época em que a escola era para poucos. Isso nem mesmo teria sido possível. E há muitas variáveis que jogam contra o professor e a escola: a disponibilidade de tempo para preparação de aulas, a remuneração, a extensa jornada. Temos de fazer o que podemos. Precisamos, no entanto, de inspiração para o redesenho curricular, que como a própria palavra diz, implica um tanto de arte pedagógica. Precisamos elevar o padrão de qualidade no processo formacional, mantendo padrões crescentes de inclusão e permanência.

O redesenho curricular, que deve pautar-se por ideais de integração curricular, pode ser uma arte menos misteriosa se nos deixamos inspirar um pouco mais por sentimentos. Isso é facilitado quando nosso planejamento didático visa fortalecer o sentimento de obra no aluno, o que dá sentido ao tempo escolar e, consequentemente, fortalece seu sentimento de enredo.

O currículo escolar é, simultaneamente, a oportunidade de aprendizagens complexas que apenas a escola proporciona e o trabalho de preservação do melhor que a humanidade realizou, daquilo que vale a pena levar adiante. Nada disso é fácil e imediatamente consensual. O deslumbramento com a descoberta das raízes sociais do conhecimento tem dificultado sobremodo o trabalho curricular. É preciso então mais um esforço se quisermos ser republicanos no conhecimento. Escola, currículo, interdisciplinaridade não são somente questões teóricas, mas também problemas práticos que podem ser enfrentados sob outras bases que não apenas a de competições ferozes e discussões afetadas. Poucas coisas são mais angustiantes do que os intermináveis debates sobre "afinal de contas, que tipo de ser humano e sociedade queremos construir", como se a educação, para além da autonomia que visa favorecer, pudesse por si só e num salto milenarista completamente decretar uma outra humanidade que não essa que estamos pacientemente desenhando desde o surgimento da linguagem proposicional.

NOTA

[1] Uma leitura da Base Nacional Comum Curricular, na forma como foi apresentada no começo de 2016, mostra que não há um padrão de redação para os objetivos de aprendizagem, tampouco uma uniformidade quanto ao número de objetivos por nível e séries. Algumas disciplinas, no nível médio, têm apenas uma dúzia de objetivos e outras têm mais de 50. Não há indicação de algum tipo de integração entre os objetivos das disciplinas. Cada comunidade de especialistas fez seu possível, isoladamente.

BIBLIOGRAFIA

ABREU, Geysa S. Alcoforado de; MINHOTO, Maria Angélica Pedra. "Política de admissão ao ginásio (1931-1945). Conteúdos e forma revelam segmentação do primário". *Revista HISTEDBR On-line*. Campinas, n. 46, jun. 2012, pp. 107-18.
ARENDT, Hannah. *Entre o passado e o futuro*. Trad. Mauro Barbosa de Almeida. São Paulo: Perspectiva, 1972.
AZEVEDO, José Clóvis; REIS, Jonas Tarcísio (orgs.) *Reestruturação do ensino médio*: pressupostos teóricos e desafios da prática. São Paulo: Fundação Santillana, 2013.
BAUDELAIRE, Charles. *Poesia e prosa*. Edição organizada por Ivo Barroso. Rio de Janeiro: Nova Aguilar, 1995.
BEAUVOIR, Simone. *Sob o signo da história*: segundo volume. Trad. Maria Jacinta. São Paulo: Difusão Europeia do Livro, 1965.
BEISIGEL, Celso de Rui. *Paulo Freire*. Recife: Fundação Joaquim Nabuco/Massangana, 2010.
BERNSTEIN, Basil. On the Classification and Framing of Educational Knowledge. In: YOUNG, Michael F. D. *Knowledge and Control. New Directions for the Sociology of Education*. London: Collier-Macmillan, 1971.
_____. *Pedagogy, Symbolic Control and Identity*. Theory, Research, Critique. Revised Edition. London: Rowman & Littlefield Publishers, 2000.
BLAKE, N.; SMEYERS, P. (eds.) *The Blackwell Guide to the Philosophy of Education*. London: Blackwell, 2007.
BOTTOMORE, Tom; NISBET, Robert (orgs.) *História da análise sociológica*. Trad. Waltensir Dutra. Rio de Janeiro: Zahar, 1980.
BRASIL. *Parâmetros Curriculares Nacionais (ensino médio)*. Brasília: MEC, 2000.
_____. *Parâmetros Curriculares Nacionais para o ensino médio*. Brasília: MEC/Secretaria da Educação Média e Tecnológica, 2002a.
_____. *PCN ensino médio*. Orientações educacionais complementares aos Parâmetros Curriculares Nacionais. Linguagens, códigos e suas tecnologias. Brasília: Ministério da Educação/Secretaria de Educação Média e Tecnológica, 2002b.
_____. *Orientações curriculares para o ensino médio*. Brasília: MEC/ Secretaria de Educação Básica, 2006. (v. 1, 2, 3)
_____. *Diretrizes Curriculares Nacionais Gerais da Educação Básica*. Brasília: MEC/SEB/Dicei/Secretaria de Educação Básica, 2013.
BURGE, Tyler. *The Origins of Objectivity*. Oxford: Clarendon Press, 2010.
CARNEIRO, Moaci Alves. *O nó do ensino médio*. Petrópolis: Vozes, 2012.
CAVELL, Stanley. *The Claim of Reason*: Wittgenstein, Skepticism, Morality and Tragedy. Oxford: Oxford University Press, 1982.
_____ et al. *Philosophy and Animal Life*. New York: Columbia University Press, 2008.
DRETSKE, Fred. *Knowledge and the Flow of Information*. Stanford: CSLI Publications, 1999, MIT Press [1. ed. 1981).
EVANS, Gareth. *The Varieties of Reference*. Oxford: Clarendon Press, 1996.
FERRAÇO, Carlos Eduardo et al. (orgs.) *Diferentes perspectivas de currículo na atualidade*. Petrópolis: DP/Alli Editora, 2015.
FREIRE, Paulo. *Educação como prática da liberdade*. Rio de Janeiro: Paz e Terra, 1983.
_____. *Professora sim, tia não*: cartas a quem ousa ensinar. São Paulo: Olho d'Água, 1997.
_____. *Pedagogia do oprimido*. Rio de Janeiro: Paz e Terra, 2014.
_____; NOGUEIRA, Adriano. *Que fazer*: teoria e prática em educação popular. Petrópolis: Vozes, 1989.
GABRIEL, Carmen Teresa; MORAES, Luciene M. S. (orgs.) *Currículo e conhecimento*: diferentes perspectivas teóricas e abordagens metodológicas. Petrópolis: De Petrus/Faperj, 2014.

GOODSON, Ivor F. *Currículo*: teoria e história. Petrópolis, Vozes, 2013.
GRISI, Rafael. *Didática mínima*. São Paulo: Nacional, 1963.
HEGEL, G. F. *Princípios da filosofia do Direito*. Trad. Orlando Vitorino. Lisboa: Livraria Martins Fontes, 1976.
HIRSCHMAN, Albert O. *De consumidor a cidadão*: atividade privada e participação na vida pública. São Paulo: Brasiliense, 1983.
HIRST, P. H. *Knowledge and the Curriculum. A Collection of Philosophical Papers*. New York: Routledge, 2010.
_____; PETERS, R. S. *A lógica da educação*. Trad. Edmond Jorge. Rio de Janeiro: Zahar, 1972.
JACKSON, Ph. W. *La vida en las aulas*. Madrid: Paideia, 2010.
KIERKEGAARD, Soren. *Migalhas filosóficas ou um bocadinho de filosofia de João Clímacus*. Trad. Ernani Reichmann e Álvaro Valls. Petrópolis: Vozes, 1995.
MCKERNAN, James. *Currículo & imaginação*: teoria do processo, pedagogia e pesquisa-ação. Trad. Gisele Klein. Porto Alegre: Artmed, 2009.
MILLS, C. Wrigth. *The Politics of Truth*: Selected Writings of C. Wright Mills. New York: Oxford University Press, 2008.
MONTAIGNE, Michel. *Ensaios*. São Paulo: Victor Civita, 1972.
MOREIRA, Antônio Flávio Barbosa. *Currículos e programas*. Campinas: Papirus, 2012.
_____; CANDAU, Vera Maria. *Indagações sobre o currículo*: currículo, conhecimento e cultura. Brasília: MEC/Secretaria de Educação Básica, 2007.
NETO, João Cabral de Melo. *Obra completa*. Rio de Janeiro: Nova Aguilar, 2000.
NOGUEIRA, Marco Aurélio. "Socialismo e democracia no marxismo de Carlos Nelson Coutinho (1943-2012)". *Lua Nova* [on-line]. n. 88, 2013, pp. 11-21.
PIAGET, Jean. *A epistemologia genética*. Trad. Nathanael C. Caixeiro. Petrópolis: Vozes, 1972.
_____. *Sabedoria e ilusões da Filosofia*. Trad. Zilda Abujamra Daier. São Paulo: Difusão Europeia do Livro, 1969.
PINAR, W. *International Handbook of Curriculum Research*. New Jersey: Taylor & Francis e-Library, 2008.
_____. (ed.) *Curriculum Studies in Brazil*. Intellectual Histories, Present Circumstances. New York: Palgrave, 2011.
ROCHA, Ronai Pires. *Sentimentos de outono*: sobre universidade e educação. Santa Maria: Ed. da UFSM, 1997.
_____. *Ensino de Filosofia e currículo*. Petrópolis: Vozes, 2008.
_____. *Ensino de Filosofia e currículo*. 2. ed. Santa Maria: Ed. da UFSM, 2015.
SAVIANI, Demerval. *Escola e democracia*: polêmicas do nosso tempo. São Paulo: Cortez, 1984.
_____. *Pedagogia histórico-crítica*. Campinas: Autores Associados, 2013.
SCHEFFLER, Israel. *A linguagem da educação*. Trad. Balthazar Barbosa Filho. São Paulo: Edusp/Saraiva, 1974.
SEMPRUN, Jorge. *Autobiografia de Federico Sanchez*. Trad. Olga Savary. Rio de Janeiro: Paz e Terra, 1979.
SILVA, Tomaz Tadeu. *Documentos de identidade*: uma introdução às teorias do currículo. Belo Horizonte: Autêntica, 2005.
SILVEIRA, Ênio et al. *Encontros com a civilização brasileira*. Rio de Janeiro: Civilização Brasileira, 1979.
STENHOUSE, Lawrence. *Investigacion y desarrollo del curriculum*. Madrid: Morata, 1998.
SUSSEKIND, Maria Luiza. *Quem é William F. Pinar?* Petrópolis: De Petrus/Alli Edições, 2014.
THOREAU, H. D. *Walden*. Trad. Denise Bottmann. Porto Alegre: L&PM Pocket, 2011.
TRALDI, Lady Lina. *Currículo*: conceituação e implicações; metodologia de avaliação; teoria e prática; formas de organização; supervisão. São Paulo: Atlas, 1984.
YOUNG, Michael F. D. (org.) *Knowledge and Control*. New Directions for the Sociology of Education. London: Collier-MacMillan, 1971.
_____. *Conhecimento e currículo:* do socioconstrutivismo ao realismo social na sociologia da educação. Lisboa: Porto Editora, 2010.

O AUTOR

Ronai Rocha é doutor em Filosofia pela Universidade Federal do Rio Grande do Sul (UFRGS) e professor da Universidade Federal de Santa Maria (UFSM), onde foi pró-reitor de graduação. Desde o início de sua vida profissional pesquisou temas ligados à educação.

Cadastre-se no site da Contexto
e fique por dentro dos nossos lançamentos e eventos.
www.editoracontexto.com.br

Formação de Professores | Educação
História | Ciências Humanas
Língua Portuguesa | Linguística
Geografia
Comunicação
Turismo
Economia
Geral

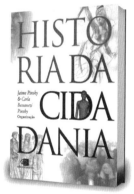

Faça parte de nossa rede.
www.editoracontexto.com.br/redes

Promovendo a Circulação do Saber

GRÁFICA PAYM
Tel. [11] 4392-3344
paym@graficapaym.com.br